内省的フィードバックを取り入れた効果的な英語ライティング指導

仲川 浩世 *NAKAGAWA Hiroyo*

溪水社

はじめに

　本著は、2019 年 3 月に広島大学大学院教育学研究科学習科学専攻博士課程後期課程を修了した際に、受理された博士論文『英語ライティング指導における内省的フィードバックの影響』を継続して研究した成果です。本研究に取り組んだきっかけは、日本人中級未満を対象とした学習意欲の低い大学生・短期大学生の英語ライティング指導から得た問題意識です。学習者の意欲を向上させ、　自分のライティングを「振り返る」ことのできる自律した書き手育成のためには、教員はどう在るべきかという観点から本研究は始まりました。

　そこで、第二言語ライティング指導における修正フィードバックと学習者の内省の先行研究における理論を考察し、当該学習者のための指導法を構築することとしました。第 1 章では序論、第 2 章は先行研究のまとめとして、ライティング・フィードバック研究の理論的な考察と学習者の内省を述べ、第 3 章では予備研究として「中級未満の日本人大学生のライティング学習に対する意識調査」及び「高校教科書と大学教材のパラグラフ・ライティングタスクの比較分析」を実施しました。これらの論考を踏まえて、2 つの実践研究（第 4 章、第 5 章）を行い、その結果を提示し第 6 章に結論として「これからの英語ライティング・フィードバック研究の方向性」を示唆しました。

　上記のように、理論から実践へと本著は成り立っていますが、フィードバックを提供するにあたって、常に教員は対象学習者の教育環境と心理面を考慮すべきであると考えられます。時代の移り変わりに伴って、英語ライティング指導の多様化や学習者の動機づけの問題を考慮し、フィードバックの提供にも柔軟に対応する姿勢が必要でしょう。

　本著を執筆するにあたり、非常に多くのご支援とご指導をいただきました。2020 年 3 月にご退職された広島大学大学院教育学研究科教授　深澤

清治先生には、在学中は主任指導教員として、論文執筆や学会発表などの研究活動に対する姿勢や意義、大学院修了後は研究者としてだけではなく、教育者としての在り方をもご教示いただきました。今後も人間教育に従事する大学教員として精進したいと思います。深澤先生のご指導ご鞭撻に、心より感謝を申し上げます。

深澤先生と同時期にご退職された広島大学大学院教育学研究科教授　築道和明先生には副指導教員を引き受けていただきました。また、同研究科教授　松見法男先生、京都大学国際高等教育院附属国際学術言語教育センター教授（前広島大学大学院教育学研究科教授）柳瀬陽介先生にも副指導教員としてご助言をいただきました。特に、築道先生にはお時間を割いていただき、質的研究の重要性についてご指導を賜りました。

松見先生からは、論文内の統計的な提示や日本語の表記についてご指摘をいただきました。特に、在学中予備審査の際に、研究成果に対してご興味を持っていただいたことは博士論文を完成させる大きな励みとなりました。

また、柳瀬陽介先生からは、理論的な考察に関する鋭いご指摘を受けました。激励のお言葉は厳しくもありましたが、やる気を奮い立たせてくれました。

2020 年 4 月より転任いたしました、大阪女学院大学　大阪女学院短期大学　加藤映子学長、浅田晋太郎事務局長には、本学の研究出版助成金の補助により学位論文を出版する機会を与えていただきました。厚くお礼を申し上げます。新しい環境でしたが、皆様のおかげで研究成果を成し遂げることが可能となりました。深謝いたします。また、前勤務先の関西外国語大学　谷本榮子理事長には大学院在学中、仕事と学業の両立に対して励ましていただきました。感謝いたします。

博士課程後期課程在学中、広島大学大学院の院生の皆様からは、研究テーマに関して建設的なコメントをいただきました。また、関西外国語大学短期大学部　短期大学生の皆さんにも調査を進めていく上で協力をして

もらいました。今後は、大学院で学んだ研究成果を活かして、教鞭を執りたいと思います。

　本著の出版にあたって、渓水社の編集部の木村斉子様には、企画から出版に向けてまで並々ならぬご尽力をいただきました。心よりお礼を申し上げます。ここに記すことができませんでしたが、共に勉学に勤しんだ国内外の研究者仲間、応援してくれた友人の皆様本当にありがとうございます。

　最後に、著者の心の支えでもあり、常に見守っていてくれる父仲川勝敏、故母明子氏に本著を捧げます。

　本研究は JSPS 科研費 18K00900 の助成を受けたものです。

2021 年 3 月

仲川　浩世

目　次

第6章　結論

内省的フィードバックを取り入れた
効果的な英語ライティング指導

第1章　序　論

第1節　研究の目的

　本著の目的は、対象を学習意欲の低い短期大学生に限定し、第二言語ライティング学習における修正フィードバック支援のあり方を理論的に考察するとともに、教員による学習者の内省を促すフィードバックを提供して、ライティングの能力の発達と意識の変容を明らかにする。そして、日本人学習者のためのライティング指導法を提案することである。本著の調査協力者は、再履修クラスに登録し、学習意欲に問題を抱えている。しかしながら、外国語大学の短期大学部英語専攻のため、習熟度は TOEFL ITP　テスト 380 点から 480 点と中級未満程度である。

第2節　問題の所在

　本著の問題の所在として、日本人学習者の大学入学前のライティング学習不足による苦手意識が挙げられる。過去 20 年間のライティング指導に関する実態調査（保田・大井・板津, 2014）によれば、回答者の 70% が大学のライティング授業に対して準備不足であるとの見解を示している。また、高校の授業では、文法やリーディングが重視されているが、大学では「自分の知識や考えを文章で論理的に書く」（ベネッセ教育総合研究所, 2016）という能力が求められる。そのため、高校と大学のライティングの授業内容には差がみられ、近年の学習者の読み書き能力の低下は問題と

なっている。また、1990年代の英語教育現場における、コミュニカティブ・アプローチの導入も要因のひとつであろう。その結果、基礎語彙・文法力の不足から、単文の英作文でさえ困難とする学習者が増加し始めた。

　その影響を受けて、ライティングに苦手意識を抱えた学習者が増加するようになった。今後もそれに付随する学習者のライティング意欲の減退は、深刻化すると推測される。

　そこで、私立外国語大学における短期大学部のパラグラフ・ライティングを中心とした再履修クラスに協力を求め、学習者を支援するための指導法の探求に取り組んだ。当該学習者は、学習意欲に問題を抱えていたが、英語専攻ということもあり、習熟度は中級未満で、従来のリメディアル・レベルよりも、英語力は高い傾向にあった。

　実際のところ、近年、初・中級の日本人学習者を対象としたライティングの実践研究は行われつつある（隅田, 2012; 阿部・山西, 2013; 仲川, 2016; Iwata, 2017）。しかしながら、ライティングに苦手意識を抱えた学習者のための指導法はまだ少ない。このような現状の中、第二言語ライティング指導において、教員によるフィードバック研究が注目されつつある（Bitchener & Storch, 2016）が、日本語でフィードバックの先行研究を紹介したものは少なく、代表的なものとして、田中（2015）や鈴木（2017）などの文献レビューのみが挙げられる。とりわけ、動機づけなどの情意要因とライティング・フィードバックとの関連については、調査が不足している（第2章　第1節参照）。特に、学習意欲に問題のある学習者のためのライティング・フィードバック支援については、十分な研究はなされてはいない。したがって、本著では、ライティングに苦手意識を抱えた日本人大学生・短期大学生に限定し、その指導法を示唆する。そして、本著が将来英語教育に携わる方々にとって、一助となることを願う。

第3節　本著の構成

　次に本著の構成を述べる。第1章序論の第1節では研究の目的、第2節では問題の所在、第3節では本著の構成から成り立っている。第2章先行研究の第1節では本著の重要な用語の操作定義、第2節では英語ライティング・フィードバック（Written Corrective Feedback　以下 WCF とする）の動向、第3節では学習者の内省から成り立っている。そして、これらの論考を基にして、第4節では、本著の研究課題を設定する。

　本著の第3章では、予備調査として、第1節は中級未満の日本人大学生のライティング学習に対する意識調査、第2節は高校教科書と大学教材内のパラグラフ・ライティングタスクの比較分析を論述し、教員がいかに学習者を支援すべきかを考察する。

　これらの予備調査の結果を踏まえて、第4章と第5章では、2つの本調査を実施する。第4章では、内省的な書き手育成を目指した英語ライティング指導モデルに関する実践研究を論述する。本章では、英語ライティング指導モデル（Assisted Writing Approach）を構築し、その指導前後のライティングの能力と意識の変容について述べる。第5章では、短期大学生の英語ライティングにおける内省的フィードバックの効果を論述する。第5章においては、教員による WCF と励ましのコメントである内省的フィードバックを学習者のライティングと振り返りに提供し、その指導前後のライティングの能力と意識の変容について論じる。第6章では、本著の結論を考察する。第6章第1節では、本著の要約として、総合的考察を述べる。第2節では、本著の実践研究から得た教育的示唆に触れ、今後教員がどのように指導するかということを提案する。第3節では、これからの英語ライティング・フィードバック研究の方向性について再考し、結論とする。

第 2 章　先行研究

第 1 節　定義

　本著において重要な用語を定義づける。まず、「内省」「フィードバック」「内省的フィードバック」について述べる。また、本著の協力者が学習意欲に問題を抱えた学習者であるために、心理的要因として、「不安感」「ライティングにおける意欲（動機づけ）」という用語にも触れる。最後に、「自律的な書き手」について述べる。

　「内省（Reflection）」とは、Farrell（2018）の Reflection（内省）における reflection-on-action という概念を参考とし、「学習者自らがライティングの誤りを認識し、今後の活動へと発展させること」と定義づける（第 2 章　第 3 節参照）。Farrell は従来、教員養成機関の教員実習生に対して、内省を促していた。しかしながら、本著では、内省を「学習者が自分のライティングの過程全般を振り返り、将来の活動に結びつけること」と定義づける。

　本著における「フィードバック」とは「学習者のアウトプットに対してなんらかの評価（コメントや意見）を返す・与えること」（田中、2015, pp.107-108）を採用する。その中には、口頭で正しい表現を示すものと、ライティングにおけるフィードバックの 2 種類に区分できる。本著では、ライティング・フィードバックに焦点を当てる（第 2 章　第 2 節参照）。

　さらに、「内省的フィードバック（Reflective Feedback）」とは、「ライティングに対する、教員による学習者の内省を促す修正フィードバック」

のことを示す（第 5 章参照）。すなわち、「学習者自らが、振り返りの際に、学習活動の過程を内省するよう、教員が支援する訂正やコメント」と定義する。なお、「内省的フィードバック」は、WCF だけではなく、学習者に対する教員の励ましのコメントや、言語や学習方略に対する質問の回答も含む。

　次に、心理的要因としての「不安感」「ライティングにおける意欲（動機づけ）」について言及する。まず、ライティングにおける不安感について、Horwirtz（2001, p. 112）は、次のように説明した。かつては、不安感の原因を trait（個人の特徴、特性）という先天的なものであると指摘していたが、近年は、特定のスキルにおける "a cause of poor language learning in some individuals"（個人の言語学習が上手くいかないこと）であり、後天的なものであると主張している。このことから、言語学習に効果的に取り組めば、学習者は不安感を減少させ、メタ認知を効率よく用いる「上手な書き手」と成長する可能性もある。それゆえ、本著においては、学習者の不安感とは「授業内外のライティング活動が上手くいかない場合引き起こされる不安感」と定義づける。

　さらに、Bruning and Horn（2000, p. 25）は、スピーチと比較すると、ライティングは、動機づけ向上にあたって特別な注意を払う必要があると述べている。以下に 4 つの項目を提示する。

1. ライティングに対する機能的なビリーフの促進
2. 実世界のライティングに見合う目的と文脈に学習者を従事させる支援
3. ライティングにおける文脈上の支援の提供
4. 肯定的な感情が生まれる環境の設置

　また、Bruning and Horn（2000）によれば、ライティングの動機づけを向上させるプログラムは、楽しみのために書くこと（本著では、内発的動機づけと同義とする）を促進する教育者によって、開発されるべきであると主張している。そこで、本調査（第 4 章、第 5 章）の際に、特定のライ

ティングのタスク（誤り訂正、並び替え問題）を設定し、原稿の下書き、訂正、推敲というプロセス・ライティングを通して、学習者の意欲の向上を目指す。

　さらに、学習者のライティングの意欲の向上から、教員は「自律的した書き手育成」の取り組みを行う（仲川, 2019）。「自律した書き手」とは、Yeung（2016）の「ライティングにおける学習者の自律」を採用する。Yeung（2016）の先行研究は、日常的に英語を用いる機会も多い香港を対象としている。それゆえ、必ずしも日本の状況と同一であるとは言えないが、自律性と教員の支援においては、日本との類似点もみられる。Yeung（2016）は、動機づけを探る実験の中で、学習者70人を対象に、指導前後の同一の質問紙調査を行い、因子分析を実施した。そして 1. 自律性　2. 動機づけ　3. 教員への依存の程度　4. ピア（友人）の支援を希望　5. 修正　6. 計画　7. ライティング学習のための直接的な方略　8. メタ認知的な方略と知識　9. 社会方略の使用という 9 つの因子に分けた（著者訳）。調査の結果、「教員からの独立が自律性発達の第 1 段階である」ことが明らかとなった。したがって、本著における「自律的な書き手」とは、「教員の支援から独立し、自己のライティングに対して、訂正を自ら行い、自分の学習に責任を持つ書き手」と定義づける。上記の第 1 節の定義を踏まえて、本著の調査を行う。

第 2 節　英語ライティング・フィードバック研究の動向

　本節の目的は、1980 年代以降の英語ライティングにおける、フィードバック研究を考察することである（Storch, 2010; Bitchener & Storch, 2016）。これまで、ライティティング・フィードバック WCF 研究の概要を日本語で紹介したものは未だ多く存在せず、田中（2015）や鈴木（2017）のレビューが代表的なものとして挙げられるだけである。そこで、本著では先行研究を参考に、これまでの動向を振り返る。そして、本著の調査の背景

であるライティング・フィードバック研究の概観を論じる。

第1項　ライティング訂正フィードバックの定義

　まず、WCF 研究について述べる。第二言語（以下 L2）学習の分野では、WCF 研究は 1980 年代から続いている（Sheppard, 1992; Oi, Kamimura, Kumamoto, & Matsumoto, 2000; Ferris & Roberts, 2001; Ferris, 2003; Ellis, Sheen, Murakami, & Takashima, 2008; Storch, 2010; Shintani & Ellis, 2015; Bitchener & Storch, 2016）。

　本節の WCF とは、「学習者の書いた作品に対して、教員が評価を与え、フィードバックという手段を用いて、ライティングの能力の発達を目指して、支援すること」と定義づける。すなわち、WCF には

　①内容や構成に対するコメント

　②言語面（文法）における訂正フィードバック

がある。つまり、L2 ライティング指導が注目されるようになって、フィードバック研究が盛んとなった。次に L2 ライティング指導について触れる。

第2項　L2（第二言語）ライティング指導

　L2 ライティング指導は、年代順に 3 つに区分される。1 つ目は、1960 年代の「形式重視のアプローチ」である。具体的には、制限英作文（controlled composition または guided composition）が主に用いられていた（Raimes, 1983）。制限英作文とは、決まった構造を当てはめていく「パターンの繰り返し練習」のことである。2 つ目は、1970 年代後半の「書き手重視の教育法」の「プロセス・アプローチ」である（田中, 2015）。プロセス・ライティングが盛んとなり、教員や学習者同志でフィードバックを提供し、推敲をすることが重要視されるようになった。そして、3 つ目は、1980 年代後半の内容中心のアプローチ（content-based approach）である。書き手には読み手を意識した、各ジャンルの特徴を含んだライティングが

求められるようになった。現在もプロセス・ライティングが中心であり、内容面や文法面のフィードバックを与え、推敲させる研究が続いている（図 2-1 参照）。

このように、L2 ライティング指導とともに、フィードバック研究が注目されるようになった。フィードバックを検討する際には、L2 ライティング研究と、第二言語習得（Second Language Acquisition　以下 SLA）研究という 2 つの側面から分析しなければならない（鈴木,

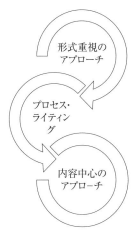

図 2-1. L2 ライティング教育の流れ
（大井, 2017 より筆者作成）

2017）。SLA におけるフィードバック研究が着目され始めたのは、L2 ライティング教育が発達した後である。そこで、本節では両者の WCF を比較して考察する。

第 3 項　WCF の背景

3.1. 第 1 期 （1980 年代から 2003 年まで）

Storch（2010）は WCF の歴史的背景を、1980 年代から 3 つに区分している（表 2-1 参照）。最初は、1980 年半ばから 2003 年であり、「L2 ライティング研究における WCF」と述べている。この時期、ライティング教育では、文法的な正確さ（grammatical accuracy）に注目が集まっていた。そして、これらは、直接的（Direct）あるいは間接的（Indirect）な WCF に分類された。Direct WCF とは、教員が誤りを直接訂正することである（Ferris, 2003）。Indirect WCF とは、書き手のライティングの誤りに下線を引いたり、記号を用いたりして、ヒントを与えることである。すなわち、学習者自身に誤りを認識させようとする試みである（Lalande, 1982;

Semke, 1984; Chandler, 2003)。

3.2. 第2期 (2005年以降から近年まで)

　第2期は、2005年以降から近年までを指す（Bitchener & Knoch, 2008; Sheen, Wright, & Moldawa, 2009）。Storch（2010）によれば、この時代、文法の正確さを改善させるために、様々なWCFの実験が行われた。しかしながら、ほとんどの実験には一貫性がなく、問題点が残されたままであった。さらに、大半がDirect WCFであり、その種類は多様であった。また、正確性の改善には、Direct CFの方がIndirect CFよりも効果的であるとも考えられていた（Ferris & Roberts, 2001; Bitchener, 2008, 2012; Shintani, Ellis, & Suzuki, 2014）。しかしながら、どの文法項目に対して、どのようなWCFをいつ提供すれば効果的であるかは、まだ明らかになってはいない。

3.3. 第3期 (今後の流れ)

　第3期は、今後の展望のことを示している。これまでは、正確性の分析を問うWCFが中心となっていたが、今後はライティングと学習者要因や社会的背景などの質的な事例研究を行う必要がある。学習者の中には、フィードバックが有効な者とそうではない者が存在する。例えば、アジア人留学生と様々な文化的背景を持つニュージーランドの移民という、2つのグループに、同じ冠詞のWCFを提供した。その結果、アジア人留学生の方が、WCFを好むということがわかった（Bitchener & Storch, 2016）。したがって、WCFと学習者のフィードバックに対する志向やビリーフとの関連を探ることが求められる（Storch & Wigglesworth, 2010）。

第4項　Ferris と Truscott の論争

　次に、文法の誤り訂正に関する、Ferris と Truscott の論争について触れておく。（表2-2参照）。Truscott（1996, 2007）は文法の誤り訂正は教員にとって労力の浪費であり、学習者のライティングの上達において効果的

表 2-1. ライティング訂正フィードバック研究の動向

区分	特徴
1980 〜 2003	L2 ライティング研究における WCF
2005 〜 近年	文法の正確性を改善するための WCF
今後	動機づけとの関連性を探るための WCF

(Storch, 2010; 仲川 , 2018)

表 2-2. 直接的（Direct）WCF と間接的（Indirect）WCF の比較

Semke (1984)	141 人のアメリカの大学のドイツ語学習者	(1) コメント (2) 直接的 (3) 直接的とコメント (4) 間接的コード化	10 週間	差無
Chandler (2003)	31 人のアメリカの大学の ESL 学習者	(1) 直接的と間接的な下線 (2) 誤りに対する説明と間接的な下線	1 セメスター	(1) の方が (2) より効果有

(Bitchener, 2008 より筆者作成)

表 2-3. L2 ライティング研究における WCF の効果

研究	被験者	WCF のタイプ	誤りのタイプ	効果
Ashwell (2000)	50 人の日本の大学の EFL 学習者	(1) 内容の後形式 (2) 形式の後内容 (3) 形式と内容 (4) 統制群（下線または○）	文法 語彙 ライティングの規則	有
Fathman and Whalley (1990)	72 人のアメリカの大学の ESL 学習者	(1) 下線 (2) 統制群	包括的な誤り	有
Ferris and Roberts (2001)	72 人のアメリカの大学の ESL 学習者	(1) コード化 (2) 下線 (3) 統制群	動詞、名詞、冠詞 語彙の誤り、文構造	有

(Bitchener & Storch, 2016, p. 37 より筆者作成)

ではないと主張した。これを受けて、Ferris（1999, 2003）や Chandler（2003）といった L2 ライティング研究者達は、異議を唱えた。この論争をきっかけに、フィードバック研究の関心は、ライティングへとシフトしたとも考えられる。この時期までは、学習者の発話に対する口頭での言い直し（recast）に注目が集まっていた（Lyster & Saito, 2010）。

　そして、SLA 研究者の多く（Truscott 自身も）が、明示的知識（explicit knowledge）もしくは暗示的知識（implicit knowledge）を提供することで、言語習得を助長すると主張していた。言い換えれば、SLA におけるフィードバック研究は、「言語習得」のためのものである。したがって、フィードバック研究の概観を振り返るためには、L2 ライティングと SLA の両方の観点から論考をまとめなければならない。そこで、以下に WCF の先行研究を提示する。

第 5 項　L2 ライティング研究と SLA における WCF の比較

　ライティング訂正フィードバックに関する研究を L2 ライティング研究と SLA 研究の観点から比較する（Bitchener & Storch, 2016）。L2 ライティング研究においては、フィードバックがライティングの改善に有効かどうかということが議論されている。そのため、内容面と言語形式の両方がフィードバックの対象となっている。

　これに対して、SLA 研究においては、フィードバックが不定冠詞や冠詞といった文法項目を分析の対象としている。また、Direct WCF と Indirect WCF 以外にも、近年では、メタ言語知識の提供によるフィードバックの効果が報告されている（Bitchener & Storch, 2016）。メタ言語知識の提供によるフィードバックとは、WCF だけではなく、目標文法項目の説明を口頭やライティングによって示すことである（Shintani & Ellis, 2013）。

　次に SLA 研究におけるフィードバックの効果について述べる。直後テストでは有効であるが、遅延テストではあまり有効性は伝えられてはいな

表 2-4. SLA 研究における WCF の効果

研究	被験者	WCF のタイプ	誤りのタイプ	効果
Bitchener (2008)	75 人の初中級 ESL 学習者	(1) 直接的	不定冠詞	(1) と (3) が効果有
		(2) 直接的 ライティングのメタ言語知識	既出の定冠詞	
		(3) 直接的と ライティングと口頭のメタ言語知識		
Bitchener and Knoch (2008)	144 人の初中級 ESL 学習者	(1) 直接的	不定冠詞	無
		(2) 直接的とライティングのメタ言語知識	既出の 定冠詞	
		(3) 直接的とライティングと口頭のメタ言語知識		
Shintani and Ellis (2013)	49 人の初中級 ESL 学習者	(1) 直接的	不定冠詞	(2) が (1) より伸びた
		(2) メタ言語知識		遅延は差無
		(3) 統制群		

(Bitchener & Storch, 2016 より筆者作成)

い。したがって、ライティングの能力の改善のためには、特定の文法項目にのみ焦点を当てた WCF は、学習者にとって有益とは言い難く、実験的な要素が強いため、教育効果を満たしてはいないという批判もある（Lee, 2008）。

第 6 項　焦点化と非焦点化

これまでの動向を振り返ってみると、初期は幅広い文法項目に WCF が提供されていた（表 2-5, 2-6 参照）。しかしながら、近年、初級学習にとっては、特定の文法項目に対する WCF の方が効果的であるとみなされている。そこで、「誤りは焦点化（focused）あるいは非焦点化（unfocused）した方がよいか」という点を検討する（Bitchener, Young, & Cameron, 2005; Truscott & Hsu, 2008; Van Beuningen, De Jong, & Kuiken, 2012; Shintani &

表 2-5. 焦点化された WCF

研究	被験者	誤りのタイプ
Bitchener *et al.*, （2005）	中上級 ESL 学習者	定冠詞、過去時制、前置詞 前置詞
Shintani & Ellis（2013）	初中級 ESL 学習者	不定冠詞

（Bitchener & Storch, 2016 より筆者作成）

表 2-6. 非焦点化された WCF

研究	被験者	誤りのタイプ
Truscott & Hsu（2008）	47 人の上中級 ESL 学習者	文法全般、スペル、句読点
Van Beuningen *et al.*, （2012）	268 人の高校生のオランダ語 FL 学習者	文法全般、構造不完全な文、語彙句読点、スペルなど

（Bitchener & Storch, 2016 より筆者作成）

Ellis, 2013）。

　SLA におけるフィードバック研究に関しては、文法に焦点を絞った実験が中心であった。近年では、内容と文法の両方にフィードバックを与えるという試みが報告されている（タスク中心の教授法など）。また、フィードバック後に書き直しをさせることで、ライティングの能力の発達に対する有効性が伝えられている（鈴木, 2015）。

　すなわち、プロセス・ライティングと書き直し練習の繰り返しが効果的であると考えられる。学習者は教員のフィードバック後に、正しい形式と自分の書いたものを比較し、ライティングの誤りに気づく。そして、自分のライティングにおける問題点（弱点）を省みる機会を得る。言い換えれば、焦点化されていない WCF の伴ったライティング活動によって、暗示的に自分の誤りを省みることにより、内省をすることが可能となろう。そのため、教員は、今後のフィードバック研究は、L2 ライティングと SLA の両研究者が協力して実験を行い、「いつ、なにを、どうすればいいか」という点に考慮し、取り組んでいくことが望ましい（新谷, 2015）。

第7項　まとめ

　本節では、ライティングにおけるフィードバック研究の概観について、1980 年代から現在までを考察した。L2 ライティングも SLA の分野も WCF は、文法を重視する傾向にある。しかしながら、直後のテストでは、効果がみられるが、長期的な定着を考慮してみると、文法に対する WCF が必ずしも有効であるとはまだ実証されてはいない。

　したがって、今後のフィードバックは、個人的要因の把握や動機づけ問題の改善に関連したものが求められる。また、教員は「フィードバックのフィードバック」を求めて、学習者の指摘した授業の改善点に回答し、お互いにコミュニケーションを取って、信頼関係を築くことが必要である。このように、単なる「添削」という作業ではない「学習者との信頼関係を構築するためのフィードバック」の導入が望ましい。

　それゆえ、ライティング学習に対する意識調査やインタビューから、事前に調査協力者の情報を得る必要がある。その結果、授業内外の学習支援に対する工夫へと結びつくであろう。さらに学習意欲に問題を抱えた日本人学習者のフィードバックに対するビリーフなどの研究はまだ少なく、これまでのところ、有効なフィードバック支援法はまだ確立されてはいない。今後の課題として、学習者の心理面の問題点に見合った、SLA 理論に基づくフィードバック支援法を考案し、ライティングの能力発達のための指導法を探っていきたい。そして、学習者が自発的にフィードバックから問題点を省みる機会を与える授業へと発展させたい。

第3節　学習者の内省

　本節では、「学習者の内省」について考察する。1980 年代以降の WCF のレビューから、フィードバックと動機づけとの関連における研究が欠如していることが明らかとなった（Storch, 2010）。したがって、情意要因を探るために学習者の内省について検討した。本著の内省とは、Moon

図 2-2. experiential learning とのシステムにおける reflection と feedback の
モデル（Moon, 2004, p.128 より著者作成）

（2004）と Farrell（2014, 2018）の framework on reflecting on practice を
参考にする。先行研究では、Farrell 以前に、Moon（2004）が reflection
と feedback について、experiential learning（体験学習）の観点からフィー
ドバックを含めたモデルを提示している（図 2-1 参照）。

　図 2-1 の概念は、1. 曖昧な概念や内省が 2. 活動という実体験を通して、
3. 当初の形式を修正したフィードバックを受け、4. 効果的な学習へと発
展するプロセスを示す。すなわち、フィードバックからの学習とは、「異
なる形式の学習を体験することで、より強い内省の過程と結びつき、効果
的な学習をもたらす結果となる傾向があること」（Moon, 2004, p.128）と論
じている。

　一方、Farrell（2018）は，2018 年 3 月 14 日にシンガポールにて開催さ
れた、RELC 国際大会にて、framework for reflecting on practice の概念
を図 2-3 のように提示して説明した（Farrell（2018）同資料含む）。Farrell
の理論は Moon よりも reflective language teaching を中心とし、「教員の
授業に対する内省」について言及している。

　例を挙げると、Farrell（2014, p.5）は教員 1 年目の自身のアイルランド
での出来事について言及している。授業中、学習者のひとりから突然、
"Teacher you are stupid!" という暴言を吐かれ、驚いた件について述べ
ている。後にその学生は謝罪をし、その理由については、"Teacher, I
called you stupid because you were stupid because you gave us the same
homework the day before and that is why you are stupid." 「先生、一昨日
あなたは全く同じ課題を与えるという愚かであったために、私はあなたを

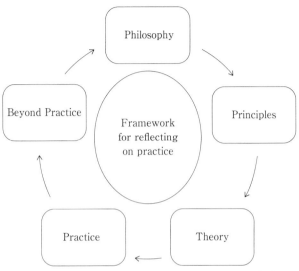

図 2-3. Framework for reflecting on practice の概念
（Farrell, 2018 より筆者作成）

そう呼びました」と説明した。以下が論文内の引用である。

資料 2-1. Farrell の新人時代の経験に関する回想（Farrell, 2014, p.5 より
引用）

One morning in 1977 as a student-teacher teaching on my teaching practice assignment in a high school Dublin, Ireland, I was teaching a business English class to junior high school students and in my 4th week or so, during one class a student suddenly shouted out: "Teacher you are stupid!" I was astonished, as I had no idea at that moment how to respond. Although I was in shock for a few moments, I remember that I said to the boy that he could and should not say this to me, his teacher or any teacher, and that he should write a letter of apology to me before I would let him back to my class. I then asked him to leave for the remainder of that lesson. Just before class on the following day he handed me a letter which he said he wrote an apology. In that letter (of which I still have today) he wrote the following reason for saying what he had the previous day: "Teacher, I called you stupid because you were stupid because you gave us the same homework the day before and that is why you are stupid." (n.p.)

　もちろん、この出来事だけで Farrell が内省というテーマに関心を持ったわけではない。しかしながら、この後、reflection-on-action という過去のテーマを基にして、現在の活動に取り組み、未来へと結びつける概念を追究するようになっていったのである。教員養成の研修に限らず、言語学習の「体験学習」も共通して、過去―現在―未来へと発展させることに対する意義を見出したわけである。

　「内省」とは、一般的には、教員や教育実習生が、自分の授業を振り返ることを示している。しかしながら、本著においては、「ライティングに従事する学習者が、自分の学習活動を振り返るためのもの」と定義づける。そして、本著では内省を「一時的なものではなく、言語学習において変容していく自分自身を客観的に見つめること」と扱う。これらの理論的背景を踏まえて、本著には内省を導入し、学習者にライティングを体験させ、「活動後教員によるフィードバックを提供することで、振り返りを学習者に促し、より効果的なライティング学習へと発達させること」を目指す。

　先行研究では、フィードバックの提供と書き直し練習によって、ライティングの動機づけが向上し、能力にも肯定的な影響を及ぼしたというものもある（Duijnhouwer, Prins, & Stokking, 2012）。さらに、より具体的なフィードバックの種類としては、文法に限定したものから、徐々に励ましのコメントへと変容することで、学習者がライティングに自信を持つようになったという実践研究も報告されている（Cho, 2015）。これらの先行研究を踏まえて、本著の2つの調査（第4章、第5章）に、教員によるフィー

ドバックと学習者の内省を導入し、ライティングの能力と意識の変容を明らかにする。

第4節　研究課題

　次に本著の研究課題を提示する。本著の調査協力者のライティングのニーズを探るために、第3章では予備調査を実施する。第1節は、中級未満の日本人大学生のライティング学習に対する意識調査、第2節は、高校教科書と大学ライティング教材の比較分析である。そして、第3章の結果を踏まえて、第4章と第5章では、2つの本調査を行う。

　本調査を実施する際に、教員によるフィードバック支援と学習者の内省を導入し、ライティングの能力と意識の変容を明らかにする。第4章では、指導モデルを構築し、その影響について述べる。本モデルのねらいは、教員の支援とともに発話をし、書くことで学習意欲を向上させることである。第5章では、ライティングにおける、内省的フィードバックの効果について検証する。本章の「内省的フィードバック」とは、「学習者が振り返りの際に、自己の学習活動を内省するよう、教員が支援するフィードバックのこと」と定義する。

　上記の論考を基にして、以下に4つの研究課題を設定した。
1) 中級未満の日本人大学生のライティング学習に対する意識の変容からどのような指導法が示唆されるか（第3章　第1節）。
2) 高校教科書と大学教材内のパラグラフ・ライティングタスクには、どのような違いがあるか（第3章　第2節）。
3) 指導モデル（Assisted Writing Approach）は、調査協力者のライティングの能力及び意識にどのような影響を与えるか（第4章）。
4) 内省的フィードバックは、調査協力者のライティングの能力及び意識にどのような影響を与えるか（第5章）。

第3章　予備研究

第1節　中級未満の日本人大学生のライティング学習に対する意識調査

第1項　研究の目的と背景

1.1.　はじめに

　近年、英語学習意欲を探るための意識調査が行われている（カレイラ松崎、2015; 牧野・平野、2015 ; 牧野，2017）。大半は、習熟度の低い英語学習者を対象とした「リメディアル教育」に関連したものである。本著におけるリメディアル・レベルとは、英語習熟度クラスにおける最下位層（TOEIC 202.78 点）のことを示す（牧野, 2017）。

　一方、1990 年代から English for Specific Purposes（以下、ESP とする）や English for Academic Purposes（以下、EAP とする）研究の重要性が認識されてきた（Noguchi, 2004; 深山，2007）。一般に、ESP / EAP 教育はともに上級者を対象とし、ESP は看護・工業などの特定目的のための英語、EAP は学術目的のための英語のことを指す。対照的に、English for General Purposes（以下、EGP とする）は大学入学直後の「一般目的のための英語」のことであり、1 〜 2 年生を対象の「全学共通教育」という位置づけになっている（図3-1-1 参照）。

　これまで、EGP 教育において上級者を対象とした動機づけに関する研究（Shea, 2017）は行われている。しかしながら、EGP 教育における特定の技能に焦点を当てた調査はまだ少なく、一般目的の英語専攻の中級未満

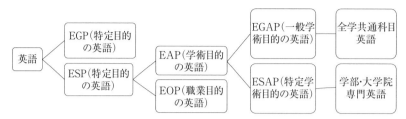

図 3-1-1．大学英語教育の目的（田地野・水光, 2005 を基に筆者作成）

の学習者のライティングに特化した意識調査は不足している。このような現状から、2016 年に著者が実施したライティング学習に対する意識調査を分析し、求められる指導法を示唆する。

1.2．ニーズ分析

ESP/EAP のコース・デザインは、EGP とは異なり（寺内、2000; 田地野・水光、2005; 田地野・寺内・金丸・マスワナ・山田, 2008）、その違いはニーズ

ESP	EGP
<u>ニーズを分析する</u>	シラバスを作成する
↓	↓
シラバスを作成する	教材を作成する
↓	↓
教材を作成する	教授法を選択する
↓	
教授法を選択する	

図 3-1-2．ESP と EGP のコース・デザインの
違い（寺内, 2000, p.20 より引用）

分析の有無である。

　本節では、EGP 教育を取り上げたが、ESP のニーズ分析の概念である「学習者が将来どのような目的や状況で外国語を使うのかを予測し、それを基にどのような言語能力を伸ばす必要があるのか（ニーズ）を分析すること」（寺内 , 2000, p.12）を引用した。その理由は、本来、大学は「学術研究の場」であり、中級未満の学習者は、将来学術目的の英語を習得することが求められているからである（田地野他 , 2008）。

　しかしながら、ESP や EAP へのかけ橋となる、中級未満を対象とした EGP 教育におけるライティング指導法は、まだ確立されてはいない。そこで、本節では、EGP 教育における中級未満のライティング学習の意識調査を実施し、その指導法について考察する。

　これまでの現状と理論的背景を踏まえて、本節では研究課題「中級未満の学習者のライティングの学習意識の変容からどのような指導法が示唆されるか」を設定した。

第 2 項　調査協力者

　本著のライティング学習の意識調査の協力者は、関西圏の私立外国語大学の大学生 34 名（男 10 名、女 24 名、TOEFL ITP テスト　450 点〜 530 点）、短期大学生 57 名（男 17 名、女 40 名、TOEFL ITP テスト　380 点〜 450 点）の合計 91 名（有効回答率、76%）である。また、第 2 回目の質問紙調査を実施する際に、自由記述で「ライティングに関する問題点、苦手な点」について意見を書くように依頼したところ、91 名中 76 名から回答を得ることができた。

第 3 項　研究方法

3.1. 質問紙調査

　2016 年の第 1 回目の授業、4 月（指導前）と第 30 回目の授業、7 月（指導後）に同一のライティング学習に関する 23 項目の意識調査を行った。

質問項目は原（2014）の先行研究を参考に作成し、日本人大学教員 2 名と協議して完成させた。

　構成は、「好きなジャンルのライティング」が 6 問、「ライティングにおける現状」が 5 問、「学習者自身の課題（他の技能）」が 6 問、「授業への要望」が 6 問であった。協力者に、4 件法「あてはまる」（4 点）「まあまああてはまる」（3 点）「あまりあてはまらない」（2 点）「あてはまらない」（1 点）の 4 段階で回答を依頼した。

3.2.　手順

　大学生 34 名（男 10 名、女 24 名、TOEFL IPT テスト　450 点〜 530 点）を対象とした、英検準 1 級クラスの一例を挙げておく。実践は、15 週間 30 回の授業で行われた。教材に英検過去問題集と英検対策の単語帳を用いた。授業の方針として、「授業中できるだけ英語を使うこと」を促した。協力者は外国語専攻であり、英語を話すことを好む傾向にあった。そのため、英検対策クラスであったが、過去問題の解説のみにとらわれず、オーラル・コミュニケーション中心のタスクを導入した。

　本タスクは、本調査の第 4 章と第 5 章のライティングにおけるスピーキングの導入を調べるために実験的に実施したものである。とりわけ、本著第 4 章の指導モデルの一部である、Rephrasing（リーディングの内容を英語で言い換える）という活動の予備調査を兼ねている。したがって、スピーキングを中心とした指導の効果を調べるために、指導前後に同一の質問紙調査を行った。さらに、第 5 章の内省的フィードバックの効果を検証するためにも、授業内のライティングにスピーキングを導入し、学習者の振り返りを分析した。すなわち、スピーキングを中心とした指導は、予備調査において重要な役割を果たしている。

　次に授業の展開について述べる。授業内容は 3 つの部分によって構成されている。第 1 に、出席確認、授業内容の説明の後、毎週 1 回授業の初めに 30 分程度の単語テスト（解答の時間を含む）を行った。問題を解いた

後、解答用紙を回収し、シャッフルして個人に配布した。そして、順に学習者を指名して、解答が記入されている英文を音読させた。音読の理由は、学習者に発音を確認させる機会を与えることができるからである。

さらに、スペルを確認させるために、教員は解答をプロジェクター上にタイプした。第2に、35分程度の宿題の英検過去問題集の解説（語彙・長文読解）に取り組ませた。読解問題では、本文の内容の要約（summary やretelling）と選択肢を選んだ理由についても英語で説明するよう指示した。その際に、クラス全員が理解できるよう、できる限り易しい英語を用いるよう促した。第3に、残りの時間を用いて、リスニングやパラグラフ・ライティングも行った。このようにして、学習者同士のインプット⇒アウトプットという展開の授業を進めた。以下が授業の展開である。

＜授業の展開＞
＊出席確認・授業内容の確認（5分）
＊単語テスト（解答の時間を含む）（30分）
＊英検過去問題集の解説（35分程度）
＊リスニング or パラグラフ・ライティング（20分程度）

授業のスケジュールとしては、1週目のオリエンテーション時に、第1回目のライティング学習に関する質問紙調査を実施した。そして、2週目から12週目までの期間、オーラル・コミュニケーション中心のタスクを導入した。最後の3週は二次面接練習と英語のプレゼンテーションに取り組ませた。また、30回目の授業終了後、第1回目と同じ質問紙調査を実施した。

短期大学生のリーディング・クラスにおいても、オーラル・コミュニケーション中心のタスクを導入して、テキストの要約や解説など同様の授業を進めた。大学生と比べると習熟度が若干低いため、英語の使用量に差がみられた。しかしながら、命題に関して自分の考えを英語で話すタスクについては、積極的に取り組んでいた。次に、実践後の質問紙調査の結果

について論じる。以下が授業のスケジュールである。

<授業のスケジュール>

Week 1	オリエンテーション・第1回質問紙調査
Week 2 〜 Week 12	オーラル・コミュニケーション中心のタスク
Week 13, 14	二次面接演習、英語プレゼンテーション
Week 15（最終日）	第2回質問紙調査・自由記述

3.3. 結果

3.3.1. 質問紙調査の結果

　指導前後のライティング学習の意識調査における平均値の差を、有意水準1%で両側検定のt検定により検討した（三浦・前田・山森・磯田・廣森, 2004）。その結果、質問項目の中で、有意に平均値が向上したのは、問1「英語のライティングが好きだ」、問3「身近な話題について英語で文章を書くのが好きだ」、問5「メディアなどの社会問題について英語で文章を書くのが好きだ」であった。

　これらは、好きなライティングのジャンルを示している。特に問5は、4月の調査では23項目の中で最も低い結果であった。しかしながら、授業でメディア（時事・社会問題）に関する教材を扱っていたため、意識が高まった。

　さらに、学習者自身の課題（他の技能）である、問13「英語の語彙力をもっと高めたい」、問15「英語のライティング力をもっと身につけたい」も有意に向上した。また、問19「英語のライティングの宿題をもっと出してほしい」、問22「ライティングをする前にクラス内で議論したい」も上昇した。

　このことから、比較的ライティング活動に対する意欲が上昇したと考えられる。さらに5%水準で有意に平均値が上昇したのは、問11「英語の文法についてもっと学びたい」、問14「英語の読解力をもっと身につけた

い」、問 16「英語のスピーキング力をもっと身につけたい」であった。この結果は、英語の四技能を継続して向上させたいという学習者の意識の表れである。

　対照的に、5% 水準で有意に数値が低下した項目を分析する。問 10「英語のライティング内で書く具体例についてもっと学びたい」、問 17「英語のライティングの誤りを先生に訂正してほしい」、問 20「英語のライティングの書き方を先生に明確に指導してほしい」、問 21「英和・和英辞書を用いて英語のライティングに取り組みたい」という 4 項目は低下した。このことから、学習者がライティングの基礎を理解し、教員の明示的な指導を授業開始時ほど必要とはしなくなったことが推測できる。特に、「誤り訂正」や「辞書の使用」に関する項目の低下から、ライティングに対する不安感が軽減し、自分の考えを表現したいという意識の変容がみられた。言い換えれば、アウトプットを積極的に行いたいという前向きな意欲を示している。

　問 18「英語のライティングをペア・ワーク／グループ・ワークで学習したい」については、有意差はみられなかったが、数値が低下した。この結果は、ペアやグループでのコメント交換には、やや消極的であることがわかる。不安感が高く、自己肯定感が低い学習者ほど、批判的なコメントで書き手やパートナーを傷つけることを恐れている（Hosack, 2005）。同時に、相手のコメントによって、他者から批判されることにも不安を抱いている。それゆえ、教員は、ライティング活動を行う際に、学習者の心理面のニーズを考慮しなければならない。

3.3.2.　自由記述の結果

　次に、自由記述の結果「ライティングに関する問題点・苦手な点」をカテゴリー化して記載する。91 名中 76 名から得た回答を田地野（2007）の先行研究を参考にして、言語的側面・方略的側面・心理的側面に分類した。本節では、著者は言語的側面を「語彙・文法の知識」、方略的側面を

表 3-1. 指導前後のライティング学習に関する意識調査の平均の差の検定結果
（N = 91）

質問項目	Pre		Post		
ライティングに関する希望	M	SD	M	SD	t
1. 英語のライティングが好きだ	2.36	(0.85)	2.64	(0.81)	3.74**
2. 日本語のライティングが好きだ	2.34	(0.81)	2.50	(0.94)	1.64
3. 身近な話題について英語で文章を書くのが好きだ	2.38	(0.87)	2.67	(0.84)	3.44**
4. 身近な話題について日本語で文章を書くのが好きだ	2.45	(0.79)	2.43	(0.91)	.27
5. メディアなどの社会問題について英語で文章を書くのが好きだ	1.87	(0.67)	2.09	(0.74)	3.43**
6. メディアなどの社会問題について日本語で文章を書くのが好きだ	1.98	(0.73)	2.08	(0.91)	1.35
ライティングにおける現状					
7. 英語で文章を書いた後見直して読む	3.37	(0.77)	3.29	(0.82)	1.05
8. 日本語で文章を書いた後見直して読む	3.36	(0.74)	3.27	(0.82)	1.18
9. 英語のパラグラフで用いるつなぎ言葉についてもっと学びたい	3.47	(0.70)	3.44	(0.73)	.40
10. 英語のライティング内で書く具体例についてもっと学びたい	3.55	(0.65)	3.37	(0.68)	2.32*
12. 和文英訳がもっと出来るようになりたい	3.60	(0.63)	3.66	(0.62)	.73
学習者自身の課題（他の技能）					
11. 英語の文法についてもっと学びたい	3.48	(0.66)	3.65	(0.62)	2.06*
13. 英語の語彙力をもっと高めたい	3.79	(0.46)	3.95	(0.35)	3.13**
14. 英語の読解力をもっと身につけたい	3.78	(0.47)	3.89	(0.43)	2.08*
15. 英語のライティング力をもっと身につけたい	3.71	(0.52)	3.86	(0.44)	2.69**
16. 英語のスピーキング力をもっと身につけたい	3.79	(0.46)	3.90	(0.40)	2.18*
23. ライティング学習をすることで、総合的な英語力が伸びると思う	3.46	(0.60)	3.40	(0.73)	.83
授業への要望					
17. 英語のライティングの誤りを先生に訂正してほしい	3.74	(0.49)	3.59	(0.61)	2.07*
18. 英語のライティングをペア・ワーク／グループ・ワークで学習したい	2.55	(0.96)	2.46	(0.96)	.74

19.	英語のライティングの宿題をもっと出してほしい	2.23	(0.86)	2.70	(0.95)	4.35**
20.	英語のライティングの書き方を先生に明確に指導してほしい	3.33	(0.68)	3.11	(0.77)	2.20*
21.	英和・和英辞書を用いて英語のライティングに取り組みたい	3.08	(0.85)	2.81	(0.82)	2.32*
22.	ライティングをする前にクラス内で議論したい	2.08	(0.86)	2.44	(0.96)	3.03**

注：*p < .05、**p < .01

「言い換え等ライティングを効果的に行う方法」、心理的側面を「ライティングに対する動機づけ・心理的余裕の有無」ととらえ、定義づける。3つに該当しないものは、その他として分類した。これらのカテゴリーを基に、学習者の問題点を分析する。なお、協力者は中級未満であり、英語の基礎力をすでに習得していると推測される。したがって、中級未満特有の意見であると思われるものも補足しておく。

＜言語的側面＞

・文法の正確性を改善したい

・語彙を増加したい

・つなぎ言葉を学びたい

・ライティング特有の表現を学びたい

・いつも前置詞が気になる

（中級未満特有の特徴ある意見）

・I think を頻繁に使ってしまう

・難しい英語の表現を避けて単純な文を書いてしまいがちである

・イディオムを学習することで、速く、質の高い文章が書けるのではないかと思う

・think と consider や hard と difficult など意味の似た語の使い分けや説明を学びたい

＜方略的側面＞

・日英訳・英日訳の際、単語や文章のつなげ方が困難である

・説得力のある具体例を書くのが苦手である

・日本語には存在しない英語独特のニュアンスを表現するのが苦手である

・自分の意見を明確に表現できない

（中級未満特有の特徴ある意見）

・必修の授業でライティングの書き方の構成を学んだので、トピックによっては難しい時もあるが、大体その構成に当てはめれば書くことができる

・同じ意見を繰り返し書いてしまいがちである

・内容が日本語で思いつかず、続きを書くことができなかったため、その対処法を知りたい

・ケアレスミスが目立つ

＜心理的側面＞

・高校時代の文法学習は好きであったがライティングが苦手になった

・根拠や説得力のある具体例を書くのが苦手である

・日本語には存在しない英語独特のニュアンスを表現するのが苦手である

・日本語で表現できても、英語でその内容を適切に表しているか不安である

・課題に取り組むうちに慣れて上手く書けるようになったと思う

（中級未満特有の特徴ある意見）

・詳しく理解できる誤り訂正や添削を希望する

・ありきたりな文になりがちなので、上手く書けるポイントを知りたい

＜その他＞

・知識が不足しているため社会問題について書くことが困難である

・経済や国際関係についてのライティングを希望する
・留学も視野にいれて考えているので、正確なパラグラフの習得を希望
する
・手紙の書き方など使い分けができるように学習したい
・トピック・センテンスを考えるのに時間がかかる
・パラグラフの最後に書く結論の構成方法がわからない

第4項　考察

4.1. 研究課題の考察

　質問紙調査と自由記述の結果を踏まえて、研究課題「中級未満の学習者のライティングの学習意識の変容からどのような指導法が示唆されるか」を考察する。英語ライティング学習の意識調査の結果から、以下の3点を読み取ることができる。

　第1点は、本節の回答者が英語専攻であり、習熟度がTOEFL ITPテスト　380点〜530点と中級未満のため、英語学習に苦手意識を持っていなかった。そのため、「専門性につながるライティングの希望」がみられた。具体的には、「経済や国際関係についてのライティング」や「留学への希望」、「手紙の書き方との使い分け」といった、アカデミック・ライティングやビジネス・ライティングを望む学習者の存在が明らかとなった。これは、ライティングの技能の向上だけではなく、高度な専門性を含んだ英語のカリキュラムの中で学習したいという意欲を示している。

　また、自由記述の言語的側面を分析してみると、同意語の違いやイディオムへの関心に対する回答もみられた。例えば、thinkとconsiderの違いや、イディオム、英語独特の言い回しなどを知りたいという希望が挙げられる。すなわち、調査協力者は、より難易度の高い語彙の指導を求める傾向にある。

　第2点として、学習経験に対する予測から、問題点を探ることが可能となった。ライティングに不慣れであるが、文法や和訳は得意であるという

意見もみられた。これは高校時代、ライティング学習が不足していたことをほのめかしている。また、方略面の問題点の中には、同じ意見を繰り返し書いてしまったり、説得力のある具体例を書いたりすることが苦手であるというコメントもみられた。したがって、サポーティング・センテンスの効果的な書き方の指導を必要としているということもわかった。さらに、トピックによっては苦手なものも存在するという点も、今後検討しなければならない。そのためにも、学習者が自主的に工夫し、意見を表現することができるタスクを考案する必要がある。

第3点は、知識の不足によって命題を支持することが困難であるという意見の存在である。たとえ日本語で命題に関する知識を備えていたとしても、英語で表現するにはより高度な英語力が求められる。この問題点は、「日本語で意見を述べることに抵抗はあまりないが、英語で正しくそれを書いているかどうかは判断できず不安である」という意見から、読み取ることができた。したがって、ライティングの授業において、語学力以外にも知識の補強は欠かせないと考えられる。

4.2. ライティング学習のニーズを基にした3つの指導法

以下に想定される3つの指導法を提案する。

4.2.1. ライティング学習に付随した語彙の補強

ライティングとともに語彙の強化を実施する。例えば、授業内にライティングの命題とともに、語彙の投げ込み教材を配布する。毎回 Warm-up として、10〜20問程度の資格試験（TOEIC あるいは TOEFL）頻出の語彙クイズを行う。著者は、以前ライティングのクラスで、Warm-up として毎回10問の TOEIC のトピック別ボキャブラリークイズを行い、グループ・ワークを導入した。その結果、クラス内のインターラクションが活発となり、欠席しがちな学習者も積極的に出席するようになった。あいにく、語彙とライティングとの相関など統計的なデータを集計しなかった

が、今後の指導法のひとつとして、検討する余地がある。

4.2.2. スピーキングの実践

　質問紙調査を振り返ってみると、問 16「英語のスピーキング力をもっと身につけたい」の数値が高いことがわかった。これはスピーキング活動中心の実践によると考えられる。協力者は外国語専攻であり、「英語を話すこと」を好む傾向があった。したがって、ライティング学習にスピーキングのタスクを導入することで、学習意欲が向上した可能性もある。協力者のような中級未満の学習者には、簡単な会話ではなく、メディア（社会・時事問題）を題材に授業外にリサーチをさせることも一案であろう。そのことから、専門性に富んだ学術的な問題に関心を持ち、内容の充実したライティングができるようになることも考えられる。

　その他にも、リサーチした内容をプレゼンテーションさせたり、ディスカッションさせたりして、最終的な成果としてライティング活動へと導くことも検討すべきである。その取り組みによって、論理的に自分の考えを構築する技能が身につくことも想定される。

　さらに、一般目的の英語（EGP）から学術的な英語（EAP）へと授業を発展させ、学習者の英語運用能力の底上げに見合ったシラバス、カリキュラム案の導入が、英語教員の重要な役割であると考えられる。このように英語専攻という英語を話すことに抵抗のない学習者の特長を活かした、ライティング指導法の考案が望ましい。

4.2.3. 専門性に見合う教材の開発

　本著の意識調査においては、ライティング教材に焦点を当てなかった。しかしながら、先行研究から高校教科書と大学教材において、難易度にばらつきがみられ、ライティングに対する苦手意識が高まるのではないかという恐れもあった。したがって、コース開始時に質問紙調査やプリテストをすることで、学習者の専門性や習熟度に見合ったライティングの副教材

を開発し、配布する必要も考えられる。学習者の専攻や将来の目的、進路などを分析し、コース・デザインの視点を用いて、教材の開発に従事することが今後のカリキュラム開発においてふさわしいと考えられる。

第5項　まとめ

　本項では、一般目的の英語専攻の中級未満の日本人学習者を対象にライティング学習の意識調査からニーズを探り、今後想定される指導法を示唆した。今回の調査は予備的であり、協力者の人数も限りがあったため、繰り返し調査を行う必要がある。また、言語学習そのものに関する研究は行われているが、ライティングに対する不安感や学習方略における調査はまだ少ない（Qashoa, 2014; Yeung, 2016; Raoofi, Binandeh, & Rahmani, 2017）。それゆえ、今後もライティングに特化した情意要因に関する分析を実施すべきである。

　質問紙調査と自由記述の結果から、当該学習者は将来的に専門性に富んだ学術的要素を含んだライティング指導を希望していることがわかった。また、本節では、ライティングにスピーキングを導入した指導を行って、その効果を検証した。中級未満の学習者がより専門性に富んだ英語運用能力を習得するためには、学術的な文献を読み、その内容を発信し、そして自分の言葉で書くというEAPの要素の強いカリキュラムが適切であると考えられる。また、中級未満の学習者の専攻や進路を考慮した指導法や教材案の開発が求められる。そして、長期的に学習者の習熟度とニーズに見合った意識調査を続けていきたいと考えている。

第2節　高校教科書と大学教材内のパラグラフ・ライティングタスクの比較分析

第1項　研究の目的と背景

1.1. 研究の目的

本節の目的は、高校教科書と大学教材内のパラグラフ・ライティングに着目し、その違いを比較して、効果的な大学ライティングの指導のためには何が必要とされるかを考察することである。また、教材内のパラグラフ・ライティングタスクが、学習者に活用されているよう設定されているかを、明らかにすることでもある。

1.2. 研究の背景

1990年代の和文英訳偏重に比べると、コミュニケーション能力重視へと英語教育は、移り変わりつつある。それに伴って、自分の考えをまとまった分量で論理的に書くという「パラグラフ・ライティング指導」が導入されるようになった。しかしながら、大学生の英語力低下やライティングを苦手とする学習者の数は、依然として問題視されたままである。

ベネッセ教育総合研究所（2015）『中高の英語指導に関する実態調査2015』によれば、中高時代の「聞く」「読む」という技能に比べて、「話す」「書く」に対する指導は、不足していると報告されている。また高校生の教科書使用については、「コミュニケーションI, II, III」と「英語表現I, II」によるライティング力の育成が期待されている。特に、ライティング、スピーキング、ディベートの要素を含む「英語表現I, II」の目標は、「事実や意見などを多様な観点から考察し、論理の展開や表現の方法を工夫しながら伝える能力を養う論理展開、表現の方法を工夫して伝える能力を養う」とされている（大井, 2015, p. 11）。

2015年度では、日本の高校生の7割が「英語表現I」を、約5割が、「英語表現II」を履修していると伝えられているが、現状は、この目標が達成

されているとは言い難い。また、大学のライティング授業では、論理的に
自分の意見を述べる指導は、まだ不足している（Okada, 2018）。このこと
から、ライティングに対する学習者の苦手意識は依然問題となっている。

　さらに、日本人学習者の英語学習意欲の減退の外的要因として、教材が
一因であるとも考えられる（Kikuchi & Sakai, 2009）。そこで、本節では、
高校教科書「英語表現I, II」と大学教材内のパラグラフ・ライティングに
焦点を当て、その違いを分析する。そして、高校と大学の授業内ライティ
ング学習活動の差に問題がないかを明らかにするとともに、教員が支援し
なければならない点を考察する。

1.3. パラグラフ・ライティングタスク

　文単位からの橋渡し的なライティング指導として、パラグラフ構造を理
解させる重要性が主張されてきた（Raime, 1983）。また、大学の英語授業
における、パラグラフ・ライティング指導に関する実践研究も報告されて
いる（仲川, 2016）。

　しかしながら、日本語と英語の構造の違いを把握していない初級の学習
者や、英語のライティングに馴染のない中高生に、パラグラフの雛型だけ
を押し付けるのは、必ずしも効果的であるとは言えないであろう。パラグ
ラフの形式だけに囚われ、独創性を発展させず、自分の意見を自由に表現
することができなくなる可能性もある。したがって、パラグラフ・ライ
ティングの指導や教材に対して、調査協力者の習熟度やニーズに備えた工
夫が求められる。

　学習者を指導するにあたって、使用教材の工夫に関しては、カリキュラ
ム・シラバス作成同様、綿密に考慮されなければならない。本著では、教
材分析を「専門的な知見を活用し、教材の内部構造を明らかにすること」
（山森, 2009, p. 189）と定義づける。教材分析に関して、深澤他（2016）は,
教科書研究の対象には、(1) 異文化理解促進などの題材分析（Yamanaka,
2006)、(2) 言語活動の考察（国分, 2016)、(3) 高校コミュニケーション

英語教科書課末タスクの分析（深澤他, 2016）などがあると言及している。それにもかかわらず、これまでライティングに特化した、教材分析の先行研究はあまり見られず、Kobayakawa（2011）による、高等教科書（旧学習指導要領により検定・採択）のタスクの量的分析のみが代表的なものとして挙げられるだけである。Kobayakawa（2011）は、教科書内のタスクを4つの上位項目（1）制限作文、（2）誘導作文、（3）和文英訳、（4）自由英作文と設定し、さらに下位項目を14種類に分類したが、パラグラフ・ライティングに関しては触れてはいなかった。そこで、本著は、特にパラグラフ・ライティングタスクに焦点を当てて、分析を行う。特に、今後より効果的なライティング支援のために、必要な補足点を考察する。

　日本人中級未満の大学生にとって、パラグラフ・ライティング指導の重要性が、研究の背景により明らかとなった。それゆえ、本節では研究課題として「高校教科書と大学教材内のパラグラフ・ライティングタスクには、どのような違いがあるか」を設定した。

第2項　分析資料
2.1.　高校と大学ライティングの教科書分析
　研究手法として、パラグラフ・ライティングタスクの比較分析を実施した。そのために、現行の高校教科書「英語表現 I, II」と日本の出版社、及び ESL の大学ライティング教材の4種類におけるパラグラフ・ライティングの有無を探った。さらに各タスクを質的に調査し、不足点について、着目した。

2.2.　分析対象教科書
　本著で使用した教材は、表 3-2-1. の 12 冊である。現行の高校「英語表現 I, II」の教科書から、2016 年 2 月現在、上位 10 位以内に採択された 6 冊と、現在使用されている、短期大学・大学生用ライティング教材 6 冊（日本の出版社 3 冊、ESL 用教材 3 冊）を無作為に選び出した。どちらも習

表 3-2-1. 分析教材

教材	出版社
Vision Quest English Expression I, II Standard	啓林館
BIG DIPPER English Expression I, II	数研出版
My Way English Expression I, II	三省堂
Ready to Write 2	Longman
Great Paragraphs 2	Cengage
Great Writing 4	Cengage
Primary Course on Paragraph Writing	成美堂
Writing Frontiers	金星堂
Point by Point	南雲堂

熟度は中級未満程度であった。

第3項　研究手法と結果

3.1.　パラグラフ・ライティングタスクの分析観点

　パラグラフ・ライティングタスクの分析観点は、a) パラグラフの有無、b) ライティングの過程（プロセス）の導入、c) つなぎ言葉の提示である。大井・田畑・松井（2008）は構造だけではなく、プロセスと英作文からパラグラフ・ライティングへの橋渡しの役目を果たす、つなぎ言葉の役割を述べている。つなぎ言葉の例としては、a) 追加：and, moreover, also, additionally; b) 逆接：but, however, yet, on the other hand; c) 因果関係：because, as a result; d) 時間：first, finally, then; e) その他：after all, now, well などがあげられる。

　さらに、コミュニケーション能力育成の要素を扱っているかを調べるために、d) 協同学習に従事できるタスクの有無も分析の観点に含めた。協同学習の利点とは、学習者同士が，お互いに協力して学び合い、より効果的に教室内のインターラクションを促進させることである（江利川, 2012）。しかしながら、日本人に特化したライティング活動に関する協同

学習の実践研究は、まだ多く報告されてはいない。そのため、本著のような、教材内のタスク分析から、今後のライティング指導の手がかりを見つけ出すことを試みる。

3.2. パラグラフ・ライティングタスクの分析結果

　教材内のタスクの分析結果について述べる。高校教科書「英語表現Ⅰ」の教科書には、3冊ともパラグラフのタスクが存在しなかったが、英語表現Ⅱの教科書には、全て存在した。特にESL教材は、エッセイに特化し、例題の長文も数ページに及んでいた。仮に、高校時代にパラグラフの基礎知識を学習していなければ、非常に難易度が高い教材であると考えられた。他方で、日本の出版社のテキストのうちの1冊は、英作文問題の羅列であった。

　協同学習という点においては、高校教科書内ではペア・ワークやグループ内の発表というタスクが見られたが、既存のパラグラフ・ライティングに関連したものは、少数であり、教員による十分な支援がなければ難しいと考えられた。大学教材を調べてみると、トピック・センテンス、サポーティング・センテンス、結論文を徐々に書かせてプロセス・ライティングの技法を習得させるものが大半であった。一方、大学教材は教員の裁量によって選択が任されているため、初・中級未満の学習者が難易度の高い教材を用いた授業を受講した場合は、学習意欲を減退してしまう恐れもあった。

3.3. パラグラフ・ライティングタスクの質的分析

　パラグラフ・ライティングタスクを、その教材が学習者に効果的であるかという視点から、評価した。主に着目したのは、1) トピックの内容、2) 談話文法、3) パラグラフを作成するプロセス、4) 協同学習である。なお、パラグラフのタスクが含まれていない教材は省き、高校教科書「英語表現Ⅰ」の3冊と英作文が羅列していた、大学教材1冊を対象から外して、

8冊のみを分析した。

　表3-2-2は高校と大学の教材内におけるパラグラフ・ライティングタスクの特徴を示したものである。研究課題「高校教科書と大学教材内のパラグラフ・ライティングの違い」については、以下のような分析結果となった。高校教科書全体の特徴としては、文化や日常生活の短い、パラグラフを読みながら、コミュニケーション上で使用される談話文法を習得させようとする要素も見られた。それに対して、大学教材はパラグラフ・ライティングに関する技能を習得させることに焦点を当てたタスクが大半を占

表3-2-2. パラグラフ・ライティングタスクの質的分析結果

	トピック	談話文法	プロセス	ペア・ワーク
高校	文化・日常生活中心	文脈なしの文法問題	段階を経て書かせる問題	ペア・ワーク
大学	パラグラフ・ライティングの書き方の習得	つなぎ言葉、句読点中心	様々なタイプのパラグラフ	ペアで評価

表3-2-3. パラグラフ・ライティングタスクの例（高校教科書英語表現Ⅱ）

Model Sentences

　I just watched the Korean film *Happy Swan*. I rented the DVD last week, but I've been so busy that I couldn't watch it until now. The drama describes spiritual interactions among three men. Although it isn't famous at all, it's wonderful. I dare say I've made a lucky find. It's good enough to watch many times.

Writing

　You manage a blog site. Write a paragraph which recommends a movie or a book to your readers.

　（あなたはブログを運営しています。ブログの読者に映画や本を勧める文章を書いてみよう。）

Ex.) I recommend *Japanese History in Comics*. I've already read several volumes of it. Although this series was written for kids, it is very informative for high school students and even for adults. I enjoy these books and I am learning a great deal about Japanese history. These books are so easy that you can finish one volume in a couple of hours. They are perfect for weekend reading.

めていた（表3-2-2参照）。また、表3-2-3は高校教科書、3-2-4は大学ESL教材、3-2-5は大学EFL教材内のパラグラフ・ライティングタスク例である。

　次に各教材のサンプルを分析する。高校教科書の中には、前半にセンテンス単位の英文、ダイアローグ、後半に短めのパラグラフの練習を、要約やディベートを通じて習得できるように、設定している教科書もあれば、協同学習の指示文として、ペア・ワークを含んでいるものもあった。このようなタスクが、大学の教材への橋渡しの役割をするためには、全体を通じて、論理的な思考を発展させ、その後、自分の考えをパラグラフ構造で表現する実践問題が必要であろう（表3-2-3参照）。

　そこで大学教材を振り返ってみると、トピック・センテンス、サポーティング・センテンス、結論文などを徐々に書かせるものが、ほとんどであった。また、エッセイ・ライティングに特化した教材では、パラグラフ構造や、プロセス・ライティング、つなぎ言葉などの基礎編と、論理展開、談話モードを示して、学習者にアカデミック・ライティングの知識を習得させる応用編という構成から成り立っていた（表3-2-4参照）。

　しかしながら、このような教材は、初・中級未満の学習者にとっては難易度が高く、高校と大学の橋渡し的な役割を果たすとは言い難いであろう。また、日本の出版社が発行した教材の中には、日本語と英語の指示文

表3-2-4. パラグラフ・ライティングタスクの例（大学ESL教材）

Writing Topic Sentences *Read each paragraph. Then write a good topic sentence for it. Be sure to end each topic sentence with correct punctuation.* ―――――――――――――――――――――――― ―――――――――――――――――――――――― Young people tend to buy them because they want to look "cool" to their friends. It is much easier for a young person to impress other people with a fast sports car than with your father's minivan. Wealthy people, however, enjoy sports carts because they want to show others that they have status in their community. I have never seen a doctor or a lawyer driving around in an old station wagon. Finally, sports cars appeal to adventurers. Adventurers are people who like to take risks on the road. Whatever the reasons, I think sports cars are here to stay.

によって、世界の様々な文化を理解しながら、ブレイン・ストーミングや、つなぎ言葉、パラグラフ構造、最終的にエッセイへと自然にプロセス・ライティングを習得できるように作成されている教材もあった。さらに「〜に対して書きなさい」「〜という文章にしてください」と読み手を意識した指示文や、その後のペア・ワーク／グループ・ワークによって、教室内のライティング活動がより学習者主体の展開に作成されていた。そのため、教員にとっても、工夫し易い教材であるという印象を受けた（表3-2-5 参照）。

　次に日本の教科書と ESL 教材を比較してみた。高校・大学ともに、日本の出版社が発行したものは、トピックを中心とした章立てとなっていた。また、ライティングの技能とともに、文化的な知識をリーディングから強化できる構成となっていた。それに対して、ESL 教材は、ライティングの技能の習得に特化し、トピック・センテンスやサポーティング・セ

表 3-2-5. パラグラフ・ライティングタスクの例（大学 EFL 教材）

下の文は外国に行く際の出発までの手続きを説明したものです。順番を並べ替えて意味の通る文章にしてください。

There are many stages you have to go through to travel to a foreign country:

1. After that, you will pass through immigration and show your passport.

2. Next, all of your belongings will be checked at the entrance to the boarding area.

3. Then you have to check whether the country you are going to requires a visa or not. If required, you will have to apply for it at the embassy of that particular country.

4. Before anything, you have to get a passport by applying for it with proper documents to prove your identity.

5. Finally, you have to wait in the waiting area near the gate till the announcement of your flight's boarding.

6. On the day of your departure, you have to get your boarding pass and check your luggage at the airport.

(　) → (　) → (　) → (　) → (　) → (　)

ンテンスを学習者に書かせる問題が大半であった。

　このような ESL 教材を初級の学習者が使用すると、ライティング学習に対して苦手意識が一層高まる恐れもあった。大学のライティング教材は、ESL、日本の出版社両者からの膨大な選択肢があり、担当学生の習熟度とニーズに見合っているかを把握し、教員はその上で教材の改作や工夫が必須となってくる。

3.4. 結果

　本著における教材のパラグラフ・ライティングタスクの比較分析の結果、高校教科書「英語表現 I」は、全ての問題が文法問題で占められていた。例を挙げれば、単語の並び替えによる完成問題である。また「英語表現 II」において、ライティングタスクにばらつきが見られた。例えば、パラグラフ・ライティングを含まない、難易度の低い教科書を高校時代に使用した場合、パラグラフの基礎不足のまま、アカデミック・ライティングに取り組まなければならないであろう。このことが原因となって、学習者のライティングに対する苦手意識を引き起こす可能性もある。

　すなわち、大学では、教員の裁量に教材の選択がゆだねられているため、大幅に学習内容に差がある。したがって、高校時代にどの程度パラグラフ・ライティングの基礎を学習したかを調査することが、ライティングのカリキュラム編成を計画する場合に、大学教員に必要とされる。調査の結果を踏まえて、問題点に対応すれば、高校と大学のライティング活動の橋渡しをすることができると予測される。

第4項　考察

　高校教科書と大学教材の違いについて上記で述べたが、教材をどのようにして用いるかという点については、まだ研究が不足している。今後の大学ライティング活動を示唆するために、教員が考慮すべき点について、1.教材　2.フィードバックの2つの観点から考えてみた。

まず、教材についてであるが、学習者の中には、「大学教材の英語の指示文を理解できない」という声も存在した。また、語彙の不足に関する意見も多く、難易度の高い教材に対しては、「巻末の語彙リスト」を希望する学習者もいた。以下が学習者の意見を参考にした教材案である。

　<教材案>
　＊指示文は、英語で書かれていても日本語説明を補足する。
　＊ warm-up にパラグラフの構造を理解させるタスクを導入する。
　＊巻末に語彙集を含める。
　＊パラグラフを書いた後、プレゼンテーションのできるタスクを設置する。
　＊パラグラフ以外の学習（メールやビジネス・レター）も教材に含める。
　＊副教材やワークシートの開発を行う。

　次に、フィードバックという点から述べる。Goldstein（2004）はライティングの支援を教員のフィードバックという観点から論じ、学習者にとって押しつけとならず、有益なものにすることが重要であると述べている（木村, 2012）。教員がフィードバックを行う際に、「学習者のライティング活動を支援するためには、何がなされるべきか」という視点では、文法の誤り訂正を中心とした実験研究に集中しがちである。したがって、教員がフィードバックを通して、助言者（mentor）の役割を果たし、支援（assist）するという方法が望ましいと考えられる。このように、教員が授業内でライティング活動を支援するための指導法も、考案しなければならない。また、ライティング活動を、定期的に、学習者自身が振り返る（reflect）という過程を導入することも、今後検討していくべきである。学習者が自分のライティング活動に積極的に取り組むことが望ましい。
　したがって、教員が率先して、1）明示的なライティング支援 2）学習活動へのフィードバック 3）学習者への振り返り促進の 3 点を考慮することで、ライティングの授業がコミュニカティブとなり、学習支援の基礎的な

アプローチの発展につながるであろう。本節で行った教材分析から、教員が学習者とともに教材に取り組むという位置づけが明らかとなった。

第5項　まとめ

　本著では、ライティング活動の現状を把握するために、高校教科書と大学教材の比較分析を実施した。特に、発信型能力育成に伴って、論理的思考が重視されているため、パラグラフ・ライティングに特化して教材を調査した。しかしながら、分析結果から、高校教科書と大学教材のどちらにもパラグラフ・ライティングタスクは存在したが、大学入学後、初級の学習者が苦手意識を持たずに取り組むことができるほど、教材の工夫はなされてはいなかった。本節の分析教材は、高校 6 冊、大学 6 冊の計 12 冊であり、量的質的にも十分であるとは言い難い。今後、分析対象教材を増やし、継続した調査を実施する必要がある。

第4章　内省的な書き手育成を目指した英語ライティング指導モデルの探求

第1節　研究の目的と背景

第1項　研究の目的

　第4章の目的は、内省的な書き手育成を目指した英語ライティング指導モデル（Assisted Writing Approach　図4-1）を構築し、日本人学習者のライティングの能力及び意識の変容を明らかにすることである。本章における内省的な書き手とは、「自分のライティングを振り返り、誤りを自ら訂正し、自己の学習活動に責任を持って取り組む書き手」と定義づける。

第2項　英語ライティング指導モデル

　次に、本モデルの理論的背景に触れる。日本人学習者は、明示的なWCF を好む傾向がある（白畑 , 2015; Shintani & Ellis, 2015）。また、WCFだけではなく、oral CF も第二言語の発達を促進する（Lyster & Saito, 2010; Lyster, Saito, & Sato, 2013; 神谷 , 2017）。このことから、WCF と oral CF を導入した指導モデル（表4-1 参照）を構築し、研究課題として「指導モデル（Assisted Writing Approach）は、調査協力者のライティングの能力及び意識にどのような影響を与えるか」を設定した。

第2節　調査協力者

　実践の調査協力者は、2017年2月末から3月まで集中講座に登録した，関西圏の外国語専攻の短期大学部の1年生13名（男6名、女7名）であった。本講座は、1年次の春学期に同科目（英語母語話者教員担当　週2回）の単位未修得学生のために開講された。調査協力者の英語力は、TOEFL ITPテスト380点から440点程度であった。それゆえに、英語習熟度は、中級未満と考えられるが、履修者の大半は学習意欲に問題を抱えていたため、春学期の出席状況があまり良くなかった。したがって、単位を履修できず、本集中講座に登録した。

表 4-1．CF の種類

名称	説明	例
リキャスト（Recast）	学習者の発話の意図を変えずに教員が誤りを訂正し、言い直す	Yesterday I went to school.
明示的な訂正（Explicit correction）	学習者に誤りがあることを知らせて、正しい表現を提示する	Not go. Went.
明確化の要求（Clarification request）	学習者の発話が理解できないことを伝えるため、言い直しをさせる	I'm sorry?
繰り返し（Repetition）	学習者の話した誤りを含んだ文をそのまま教員が繰りかえす	Yesterday I go to school?
誘導（Elicitation）	学習者に正しい発話をさせるために教員が質問や不完全な文を言う	Yesterday I …
メタ言語的手がかり（Metalinguistic feedback）	学習者の誤りをに関するメタ言語的な知識を教員が与える	You need to use the past tense.

（神谷（2017）より著者作成）

第3節　研究方法と結果

第1項　研究方法

　講座は、11日間、各90分授業、合計30回（オリエンテーション、中間テスト、期末テスト、統一テストを含む）であった。テキストは指定されていたが、授業内でのタスクや指導法、副教材については、教員の裁量に任されていた。

第2項　手順

　本モデルの手順について述べる。リーディング後、本文の内容の言い直しをさせる（Rephrasing）。その際に、教員が誤りを暗示的にほのめかし（Oral Correvtive Feedback 以下 Oral CF とする）、正しい形式に気づかせる。その後、プロセス・ライティングへと進み、教員は学習者が提出した用紙に WCF を与える。最後に、学習者は振り返りシートを用いて、その日の学習活動を内省し、教員は学習者にシートを提出するよう指示する。そして、学習者の振り返りに対して、教員は日本語（L1）で励ましや質問の回答といった、コメントを与えてシートを返却する。本モデルのねらいは「教員の支援とともに発話をし、書くことで学習意欲を向上させる」ということである。したがって、WCF だけではなく、振り返りシートに日本語で励ましなどのコメントを与えるのである。

　以下が本モデルの過程と視覚化したものである。

① 　Reading（学習者はリーディング活動に従事）

② 　Rephrasing　← Oral CF（本文の内容を口頭で要約、教員は暗示的に CF を提供）

③ 　Process Writing ← CF 　（教員はライティング提出後に WCF を提供）

④ 　Learners' Reflection ← CF in L1（教員は学習者の内省に母語で CF を提供）

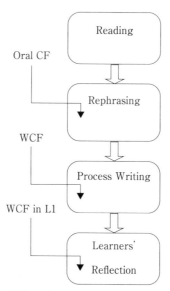

図 4-1. 指導モデル Assisted Writing Approach

以下が実践のスケジュールである。

＜講座のスケジュール＞

Day 1	オリエンテーション　Pretest
Day 2 〜 Day 5	タスク 1 〜タスク 4
Day 6	中間テスト
Day 7 〜 Day 8	タスク 5 〜タスク 6
Day 9	Posttest
Day 10	期末テスト
Day 11	プレゼンテーション・総合テスト

＜授業の展開＞

＊出席確認・授業内容の確認・提出物返却（5 分）

＊ Reading（解答の時間を含む）（20 分）

＊ Rephrasing（30分程度）

＊ Process Writing（ブレイン・ストーミング or アウトライン作成）（30分程度）

＊ Learners' Reflection（5分）

　実践では、ライティングの能力を測るために、指導前後に30分間辞書を使わず、"These days, many parents give their children smartphones or tablets to use. Do you think children should have these electronic devices?"（子供にスマートフォンやタブレットを使用させている親が存在する。子供はこれらの機器を持つべきだと思うか）という命題についてパラグラフを書かせた。そして、類似のテーマを与えて、本モデルの実践を6回行った。

表4-2. ライティング活動のテーマ

1. *Students can (or cannot) learn more by <u>doing</u>, rather than by just being <u>told</u> what to do.*
2. *Volunteer vacations will (or will not) become popular in Japan.*
3. *It is (or is not) better to help strangers in foreign countries than to help people in one's own country.*
4. *Having an identical sibling has (or does not have) more advantages than disadvantages.*
5. *Adopted children should (or should not) be encouraged to find their birth parents, and fullyassisted by all means possible in their search.*
6. *Continued improved robotic technology will (or will not) guarantee a better life for humans.*

第3項　結果

　ライティングの能力の伸長の指針として、Pretest・Posttest の「総語数の平均」と「Test of Written English（以下 TWE とする）の得点（満点5点）」を用いた。TWE の基準は調査協力者用に、従来の TWE「満点6点」から「満点5点」に修正したものを採用した。

　5点は「比較的首尾一貫したパラグラフであること」

　4点は「内容の理解を妨げる誤りを含んでいること」

　3点は「文構造における誤りが顕著にみられること」

表 4-3.　調査協力者のライティングの能力の伸び（*N* = 13）

	Pretest			Posttest			
	M	*SD*		*M*	*SD*	*t*	*p*
TWE	2.13	0.77		2.49	0.64	4.73	.00**
Words	81.08	32.89		107.92	27.33	3.85	.00**

注：*p < .05, **p < .01

2 点は「文レベルの誤りが顕著にみられること」
1 点は「書き手が命題を理解してはいないこと」

　表 4-3 は、調査協力者の Pretest と Posttest のライティングの能力の伸びを示したものである。Pretest、Posttest を著者と英語を母語とするアメリカ人教員が採点し、信頼性係数は、Pretest = 0.97,　Posttest = 0.92であった。さらに、総語数と TWE の平均値の差を、有意水準 1% で両側検定の *t* 検定により検討した結果、どちらも 1% 水準で有意に向上した。総語数は Posttest では 26.84 語増加し、TWE は 0.36 点上昇した。

　次に、13 人中最もライティングの伸びが高かった学習者を上位者とし、最も伸びなかった学習者を下位者として、ライティングの能力と意識の変容について分析する。

　以下に上位者と下位者のライティング例を提示する（表 4-4 参照）。

　上位者は総語数を 59 語から 99 語に増加させ、正確さに問題がみられた。対照的に、下位者は総語数を 97 語から 70 語に減らし、読みやすいライティングへと変容させた。

＜ライティングの変容の特徴＞（表 4-4 参照）

上位者

① 総語数が伸びたが、代名詞などの文法的な誤りはみられた。
② I think などの使用が減り、より客観的なライティングに改善した。
③ 談話標識（First, in addition など）の使用が増加し、より論理的な文章になった。

表 4-4. 上位者と下位者の Pretest と Posttest の例

	Pretest	Posttest
上位者	I think children should have these electronic devices. These days, electronic devices is used as educational tool. It is convenience and can use anytime. In addition, if children have smartphones, their parents can safe. Also, when children want to search, smartphones or tablets give them information. It is very convenience. So I think children should have these electronic devices. (59 words)	Children should have these electronic devices. These are three reasons. First, they are able to check map and they are able to go to wherever they want to go and they don't lost. Second, smartphones and tablets are able to search many informations. They are useful and children get some knowledges. In addition, they are able to search anytime wherever they are. Finally, smartphoens and tablets have camera. Children can keep memorise to take a picture with these electronic devices and they are able to see the picture anytime. In conclusion, many parents should give their children electronic devices. (99 words)
下位者	In my opinion, I think children should not have these electronic devices. First of all, if they use it, they えいきょうする their 脳の発達に。Next, They use its "key board", can't memorise the word. For example, Japanese children will be able to remember how to write "Kanji", because they すくなくなる chanse writing "kanji". Finally, their eyes will be bad„The electronic devices have "Blue light", Cause of it, their eyes won't become to see everything. The electronic devices are not good for children. (97 words)	Children should not have the electronic devices. First, it gets no devices no spend. As a result, if it does not stop its custom, it will effect one's own body as eyes. Second, it does not to study. They run to use the devices as smartphone and tv game, they will go down their school study score. Finally, it may work a job in the future. If it raises so, (70 words)

注：学習者の誤りは訂正していない。

下位者

① 総語数は減少した。

② Pretest では日本語の使用がみられたが、Posttest ではみられなくなった。

③ 談話標識（First, など）の使用が増加し、より論理的な文章になった。

以下に上位者と下位者の意識の変容の特徴を提示する。

＜講座期間中の意識の変容＞（表4-5参照）

上位者

① 語彙やアイデアが不足している。
② サポーティング・センテンスの書き方や語彙・文法がわからない。
③ 最初に比べて書けるようになった。

表 4-5. 上位者と下位者の意識の変容（振り返りの抜粋）

	Day 1	Day 4	Day 10
上位者	アイデアが出てこなかったので内容がない文になりました。辞書がなかったので語彙力のなさを痛感しました。もっとスラスラ書けるようになりたいです。	初めのサポーティング・センテンスはスラスラ書けるのに2つ目から書けなくなりました。When とか before は日本語と逆なので書き方を間違えました。Problem と issue の違いがわからなかったのでどっちも使ってしまいました。辞書がなかったら書けないです。語彙力がないです。	アイデアが浮かばなくて最後まで書きたかったけど書けなかった。最初のときと比べたら明らかに writing スラスラできるようになってるし、winter 受けてよかったと今では思ってます。
下位者	自分の語彙力のなさを痛感した。文法自体もあやふやなので合っているのかすらわからない。正直やっていけるか不安だったけど、何とかついていけそう。まだまだ勉強が足りないなと思った。4限目は眠すぎて半分ついていけなかったけど、次頑張る。	自分の言葉にするのが難しい。みんな普通にできているからついていけるのか不安。やみそう。自信を無くしそうなくらい英語力のなさを痛感した1日でした。	ありきたりな考えしか思い浮かばないし文法もたぶんめちゃくちゃ。どうしたら文を増やせるのか。短文ばかりでおもしろみがない。後冠詞のつけ方も曖昧すぎて、また学び直さないとだめだと思いました。参考書読もう。

注：Day 10 の「winter」とは「winter program（冬期集中講座）」のことを表す。

① やっていけるか不安であるが、頑張る。

② 自信を無くしそうなくらい英語力のなさを痛感した。

③ また学び直さないとだめだと思う。参考書を読もう。

さらに、終了時から 2 カ月後に、上位者と下位者に対して、半構造化インタビューを行った。以下はインタビューの内容、全文である。また、表4-6 はインタビューのスクリプト、表4-7 はインタビュー内容をカテゴリー化したものである。

表 4-6. 上位者と下位者のインタビューのスクリプト

集中講座後の意識の変容に関するインタビュースクリプト

実施日：2017 年 5 月 10 日
時間：16:40 ～ 17:10

G =A good writer（上位者）
W=A weak writer（下位者）

調査者：ウインタープログラムを受講する前にどのように考えていたか。
G: 何をするのか、どんな人がいるかな。
W: シラバスや予定がはっきり把握していなかった。絶対取得しなければならない。頑張ろうと思った。

調査者：他の履修していた子についてどのように考えていたか。
W: 落としたということはちゃんとやっている人もいれば、学校にほとんど行かない人も多いとは思っていたから、なじめるとは思っていなかった。少人数制やったし。
G: ちゃんとやって勉強していた人が多いと思わず、さぼっていた人が多いと思った。なじめるとは思っていなかった。

調査者：なぜ履修を希望したのか。
G: 2 つ落とした（春学期・秋学期の必修）ので、まずこちらから（春学期）やろうと考えた。
W: 学期期間の再履修授業と集中講座で迷ったが、集中講座なら詰まっていて大変であるが、短期間で何とかなると思った。学期中の再履修は長いし、普通授業と両方履修するのでつらいと思った。
調査者：他の履修者と面識はあったか。
G: 最初はわからなかったが、W から「自分達は小学校の同級生だと言われ」仲良くなった。

調査者：一番やっていた中でハードだった活動は？
G: 言い換え（Rephrasing）。皆は出来ていたが、自分はやったこともなかったし、ついていくのに必死だった。最初は苦痛だった。前で話すのも慣れてなかった。
W: 言い換え。正しいかどうかもわからなかった。

調査者：どのあたりから言い換えに慣れたか？
G: 最初終わった後すぐ。とりあえず何か言えばいいんだと。（リーディングが1章から6章まであるうちの）、1は前出て何も言えず、2からわりきって。
W: 慣れたことはない。毎回必死。自分の言葉で言えたらよかったけど、考えられず教科書を参考にして、わかる範囲で同じような意味合いの単語を探して、それを変えて。正しいか自信はなかった。

調査者：一番やりやすかったのは？
G: ライティング。自分のペースだし、日々やってて、回数を重ねるごとに上手く書けるようになった。長く書けるようになり、紙が2枚目とかになってできるようになったと。
W: 振り返り。Warming up の語彙練習。Make と do の違いなど。知らない言葉も多かったので、勉強になった。授業以外でも調べるようになった。

調査者：誤り訂正について
G: ある方がいい。文法とか直してくれていたし、（紙の）裏に質問を書いたら、表にその答えを「〜だ」と書いてくれているのは良かった。
W: ある方がいい。文法を直してくれていたし。自分が間違っていると気付けないところがあるし、調べても解決できないから、あるほうがいい。

調査者：あまりにも訂正されると嫌な気はしないか？
G: それはない。直してほしい。
W: 直される方がいい。

調査者：中間テストと期末テストのやり方について
G: 既にやった課題から出題されるからやりやすい。
W: 必修でやり方を知っていたので、慣れていたので問題はなかった。

調査者：振り返りについて。他の授業での振り返りの経験は？
W: 書くことは大体同じだが続けることで自分の意識づけになって良かった。
G: 質問を書いたら（文法や構文の使い方など）、先生が答えてくれたので、良かった。
W: 感想を書いていた。質問を書いたらよかった。

調査者：クラスの雰囲気は？
W: 良かった。
G: 個性豊かな子が多く、面白かった。

調査者：プレゼンテーションについて
G: 皆聞いてくれるからよかった。原稿なしでできた。プレゼンテーション作成が好きだからやってよかった。おもしろかった。
W: プレゼンテーションは初めてだったから、心配だった。プレゼンまでに前に出て発表をするのをやっていたので、よかった。
G: メンバーによれば、聞いてくれない人もいるので、今回はよかった。しゃべりやすかった。

調査者：同様のクラスに対しての提案は
W: (本講座は)ライティングを時間内に書いて出していたので、自分のようにライティングにつまずいている場合、残りを家で調べてもう少し、練って改めて次の時間提出したい。宿題にしてほしい。

調査者：何度もひとつのトピックを修正して書くプロセス・ライティングについてどう思うか？
W: ずっとやると内容がわからなくなる。
G: あきるかも。

表4-7. 上位者と下位者のインタビューをカテゴリー化した結果

カテゴリー	変容に関するコード (上位者)	変容に関するコード (下位者)
集中講座登録	期待と意欲	悲観的志向
タスク活動全般	Rephrasing（言い換え）への苦手意識	タスク活動への不安感
ライティングの意識	練習による慣れ	ライティングへのつまずき
誤り訂正の意識	明示的な誤り訂正の効果	誤り訂正による気づき
	教員のコメント希望	
振り返り	教員とのコミュニケーション	自分への意識づけ
クラス内の雰囲気	肯定的な認識	肯定的な認識
本講座への要望	特になし	授業外活動（宿題）

　上位者は講座の際のライティングについて、「自分のペースだし、日々やってて、回数を重ねるごとに上手く書けるようになった。長く書けるようになり、紙が2枚目とかになってできるようになった」と述べ、自己の学習活動に自信を持ち始めた。一方、下位者は、「(本講座は)ライティン

グを時間内に書いて出していたので、自分のようにライティングにつまずいている場合、宿題にしてほしい」とで、課題の希望という自発的な学習態度を示した。それゆえ、不安感の強かった下位者の方が、上位者よりも本モデルの影響を受けたことが明らかとなった。

　また、WCF や CF に関しては、上位者・下位者ともに肯定的な反応を示した。上位者は「文法とか直してくれていたし、（紙の）裏に質問を書いたら、表にその答えを「〜だ」と書いてくれているのは良かった」、下位者は「自分が間違っていると気付けないところがあるし、調べても解決できないからあるほうがいい」と述べた。

　振り返りに関しても、上位者・下位者ともに肯定的な反応を示し、上位者は「質問を書いたら（文法や構文の使い方など）、先生が答えてくれたので良かった」、下位者は「書くことは大体同じだが続けることで自分の意識づけになって良かった」と述べた。したがって、本モデルを用いたライティング指導は、ライティングの能力の発達と意識の変容に対して、有益であった。

第4節　考察

　全体的な考察として、ライティングの能力については、「総語数」と「Test of Written English（以下　TWE とする）の得点（満点5点）」に対して、本モデルの指導前後の平均値の差を、有意水準1% で両側検定の t 検定により検討した。その結果、どちらも1% 水準で有意に向上した。したがって、本モデルは、ライティングの量と質に対して、効果があることが明らかとなった。

　特に、上位者と下位者を抽出して、分析した。上位者・下位者ともに実践後、談話標識を用いてより客観的なパラグラフを書くことができるようになった。上位者のライティングの特徴としては、Posttest の際に、"In addition, they are able to search anytime wherever they are." と、Pretest

よりも複文を用いる傾向にあった。また、文法上の誤りは比較的減少し、正確性に改善がみられた。これは、毎日の授業で、ライティングを練習するにつれて、自分から積極的に見直しをするようになったためであると考えられる。

　対照的に、下位者のライティングの特徴としては、Pretest では、語彙が分からず、日本語の使用がみられたが、Posttest では、自分の言葉を英語で表現しようとする姿勢がみられ、日本語の使用はなくなった。しかしながら、談話標識は増えたが、文法上の正確性には依然問題がみられた。

　このことから、全体的に、調査協力者は、初級に必要なパラグラフの形式の基礎を習得したことがわかる。しかしながら、正確さについては、問題がみられる。そのため、WCF を提供し、かつ英作文能力の向上や語彙の増強を継続して行わなければならない。

　意識の変容については、講座期間中の振り返りとインタビューによって分析した。特に本章では、上位者・下位者について考察する。本モデルを通して、上位者・下位者ともにライティングに対する意欲を向上させたことがわかった。上位者においては、「アイデアが浮かばない」「語彙の違いに対する関心」「最初より書けるようになった」と自分のライティングが上達することに満足していた。一方、下位者は「語彙力のなさを痛感、不安」「自分の言葉にするのが難しい」「ありきたりな考えしか思い浮かばないし文法もたぶんめちゃくちゃ。どうしたら文を増やせるのか。参考書を読もう」と、当初は、不安感を示しながらも、自分で勉強を始めるという学習姿勢を示した。

　インタビューからも、上位者は自分から教員とのコミュニケーションを取りたいといった姿勢がみられた。実際のところ、上位者の方が下位者よりも振り返りの際に、その日のライティングに関する質問やコメントを書く傾向にあった。また、上位者は実践後半には、書くことに対する達成感を示した。一方、下位者は講座当初は消極的であったが、終了後には、自発的にライティングや学習活動に取り組むようになった。すなわち、本著

の定義における「自律的な書き手」（教員の支援から独立した学習者）へと変容した。それゆえ、本モデルを用いた指導は、ライティングの能力の発達だけではなく、学習意欲の向上にも貢献したと考えられる。

　結論として、振り返りとインタビューの結果から、以下の2点が明らかとなった。第1は，調査協力者がWCFの存在を「誤りを気づかせてくれるもの」とフィードバックの効果を認識したことである。第2点は、振り返りを上位者は「コミュニケーションの役割」、下位者は「自己を見つめるための手段」ととらえたことである。それゆえ、本モデルは学習者の支援に寄与したことがわかる。全体的に、短期間で少人数という環境であり、学習者間のコミュニケーションが円滑であったため、ライティングの能力向上と学習意欲の向上という相乗効果が生じた。本モデルは集中講座においては、有益であったが、半年間、1年間という長期的な授業内活動においても、その効果を検証する必要がある（図4-2参照）。

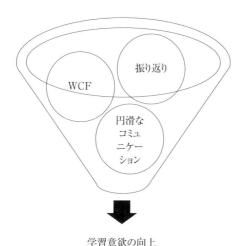

学習意欲の向上

図 4-2. Assisted Writing Approach の効果

第5節　まとめ

　本章では、フィードバックと学習者の内省を促すライティング・モデルを構築し、指導前後のライティングの伸びと意識の変容を明らかにした。全体的に、本モデルは、ライティングの能力にも学習意欲の向上にも寄与したことがわかった。その理由の1つに、書くことに不安感はあるが、話すことに抵抗のない学習者が大半であったことが挙げられる。すなわち、アウトプットが助長され、自分の意見を述べることに対して動機づけが向上したのであろう。今後は、下位者のように不安感の強い学習者に対して、本モデルの問題点を探り、より効果的な指導法を考案することが望ましい。

第5章　短期大学生の英語ライティングにおける
　　　　内省的フィードバックの効果

第1節　研究の目的と背景

　第5章の目的は、英語ライティング指導の際に、内省を促すフィードバックである「内省的フィードバック」を提供し、そのライティングの能力と意識に与える影響を検証することである。本章の「内省的フィードバック」には、教員による WCF と学習者の振り返りに対するコメントを含む。本章の研究課題として、「内省的フィードバックは、調査協力者のライティングの能力及び意識にどのような影響を与えるか」を設定した。

第2節　調査協力者

　調査協力者は、関西圏の外国語専攻の短期大学部、必修英語クラスの登録者全体のうち、17 名（男 3 名、女 14 名）である。2018 年春学期の 4 月から 6 月（第 2 週目から第 8 週目）まで、90 分授業を週 2 回に渡って実施した。本クラスは、1 年次の同科目の単位未修得者のための再履修クラスであり、英語力は、TOEFL ITP テスト 350 点から 470 点であった。履修者の大半は学習意欲に問題を抱えているため、1 年次の出席状況があまり良くなかったが、英語の習熟度は、中級未満であった。

第3節　研究方法と結果

第1項　研究方法

　1週目のオリエンテーション後、2週目にライティング学習に関する30項目の質問紙調査を実施した（表5-8. 参照）。4件法「あてはまる」（4点）「まあまあてはまる」（3点）「あまりあてはまらない」（2点）「あてはまらない」（1点）の4段階で対象学習者に回答を依頼した。そして、3週目にPretest、4週目から7週目まで実践、最後の8週目にPosttestと第1回目と同じ第2回目の質問紙調査を実施した。

　次に学習者に提供した内省的フィードバックについて述べる。教員は学習者が提出したライティングに対して、直接的または間接的なフィードバックを与え、誤りに気づくように促す。さらに、修正した完全原稿をタイプし、提出させる。その後、その日の活動内容を振り返りシート（馬場, 2012参考）に記入させ、教員からコメントを提供する。

　授業展開としては、主に4部から成り立っている。①単語テスト（warm-up）②グループ・ワーク（並び替え問題、語彙・文法の誤り訂正）③ライティング（ブレイン・ストーミング、アウトライン作成）④振り返り（学習者の内省）である。③のアウトラインを基に、翌週パソコンでパラグラフを作成して提出するよう指示し、その後、教員は提出済みのパラグラフにフィードバックを与えて返却した。その際に、学習者が問題点に気づくように口頭で促した。以下が授業のスケジュールと展開である。

　＜授業のスケジュール＞

Week 1	第1回質問紙調査
Week 2	オリエンテーション　Pretest
Week 3 ～ Week 7	ライティング（planning）と振り返り
Week 8	Posttest　第2回質問紙調査

表 5-1. ライティングの課題例

1. College students should（or should not）have a part-time job.
2. Everyone should go（or should not go）to college.
3. Japan needs（or does not need）to become more food self-sufficient.
4. Write about the worst（or best）day of your life. What happened? When did this happen? Why did this happen? What was the result?
5. In your opinion, is English easy or difficult to learn? Why do you think so? Give two or three strong reasons to support your opinion.
6. In your opinion, is it a good idea to require all students to wear a school uniform? Give two or three strong reasons to support your opinion.
7. Environmental factors have（or do not have）more influence on human development than biological factors.

＜授業の展開＞

＊出席確認・授業内容の確認・提出物返却（10分）

＊単語テスト（解答の時間を含む）（20分）

＊グループ・ワーク（35分程度）

＊ライティング（ブレイン・ストーミング or アウトライン作成）（20分程度）

＊振り返り（5分）

第2項　結果

　質問紙調査の結果、（表5-8.）1%水準で有意に平均値が上昇したのは、問10「英語のライティング内で書く具体例についてもっと学びたい」であった。この結果から、ライティング活動を通じて、支持文を書くことに苦手意識を感じていることがわかる。さらに、5%水準で有意に平均値が向上したのは、問14「英語の読解力をもっと身につけたい」、問15「英語のライティング力をもっと身につけたい」、問16「英語のスピーキング力をもっと身につけたい」という3項目であった。今回の学習活動は難易度の高い長文の並び替えや、命題のライティングとスピーキングが中心であった。そのため、学習者はより高度な英語力が必要であったと感じていた。一方、5%水準で有意に下がったのは問29の「パラグラフの構成がわからない」であった。このことから、次のように学習者の意識が変容し

たと推測される。実践開始時には、パラグラフの構成に対して知識が不足していたが、ライティングを通して、パラグラフの形式を学び、書くことに慣れていったと考えられる。問29の数値の低下は、パラグラフを学んだことから「わからない」と考えている学習者が減少したとことを示している。

次にライティングの能力について言及する。指導後、ライティングの能力の伸びを検証するために、Pretest, Posttest を実施した。2つの指針として、第4章と同様に、Pretest, Posttest の「総語数の平均」と「TWE の得点（満点5点）」を用いた。さらに、総語数と TWE の平均値の差を、有意水準1%で両側検定の t 検定により検討した結果、5%水準で有意に向上したのは、総語数であり Posttest では 23.88 語増加した。

しかしながら、TWE は 0.53 点上昇したが、統計的に有意な差はみられなかった（表5-2参照）。すなわち、総語数は増加したが、ライティングの質には問題がみられた。さらに、課題として、ライティングの提出を指示していたため、自宅で翻訳ソフトを使用していたことも想定された。その場合、WCF を与えて推敲を求めても、翻訳ソフトを利用して、作成した英文をそのままタイプしていたということが考えられた。

次に、提供した WCF の例を提示する。調査協力者のライティングの傾向としては、Posttest に文法面や句読点などの誤りは減少したが、全体的に代名詞、接続詞、文の構造に問題点がみられた。しかしながら、不完全な英文や、動詞の活用という、初級の学習者にみられる誤りは比較的少な

表5-2. 調査協力者のライティングの能力の伸び（$N = 17$）

	Pretest		Posttest			
	M	SD	M	SD	t	p
TWE	2.88	0.96	3.41	1.06	2.05	.06
Words	97.24	38.58	121.12	46.96	2.55	.02*

注：*$p < .05$, **$p < .01$

かった。この理由として、調査協力者は、中級未満であり、文法の基礎を
すでに習得しているためであろう。したがって、やる気を起こさせれば、
英語力がさらに向上すると考えられる。そのためにも、学習意欲の向上が
課題となる（表5-3参照）。

　本章では、調査協力者17人を TOEFL ITP テストを基にして、上位
群、中位群、下位群と３つのグループに分けた。そのうち、上位群（n =
5）と下位群（n = 7）のライティングの伸びを比較した。その結果、下位
群の方が、上位群よりも内省的フィードバックによって、総語数を伸ば
し、TWE の得点も上昇させた（表5-4参照）。

表5-3. 調査協力者の誤りに対する WCF のフィードバック例

誤りの種類	ライティング例
代名詞	× Finally, the other choice is them family background.
	⇒ their family background
接続詞	× So, they should interact with people out of college.
	⇒× 文頭 So
文の構造	× Students who have trained to earn money and think about usage by themselves think that the ability to handle money is easy to acquire. There are the reasons.
	⇒ ?

表5-4. 伸びた学習者（n = 7）と伸びなかった学習者（n = 5）の記述統計

	Pretest		Posttest	
	M	SD	M	SD
n = 7				
TWE	2.57	0.82	3.64	0.74
Words	87.00	37.36	143.14	35.65
n = 5				
TWE	3.20	0.81	2.50	1.22
Words	93.00	24.58	75.40	32.04

次に、伸びた学習者と伸びなかった学習者のライティングの例を提示する（表5-5参照）。

伸びた学習者

① Pretestでは不完全な文が多かった。下位群に属している学習者であった。

② 総語数が伸びた。パラグラフに具体例が多くみられるようになり、内容が改善した。

③ 談話標識（First, In additionなど）の使用が増加し、より論理的な文章になった。

伸びなかった学習者

① Pretestでは文法的な誤りは少数であった。上位群に属している学習者であった。

② 総語数は減少した。単文ばかりの文章になった。

　次に、全体の8週に及ぶ振り返りシートを分析して、学習者のキーワードを抽出して表5-6に示す。振り返りシートの目的は、学習者のライティングや心理面の問題点を調査することと、コミュニケーションを円滑にすることである。つまり、学習意欲を減退させないように配慮したのである。

　振り返りシートには、

1. 今日の授業で発見したこと・気づいたこと
2. 今日の授業でわからなかったこと・疑問に思ったこと
3. 次回の授業で希望すること
4. 今日の自己採点とその理由（100点満点中）

の4項目について書かせた。また、振り返りシートを返却する際、著者から、学習者の具体的な質問（文法内容、ライティングなど）に対するフィードバックを与えて、コミュニケーションを円滑にするよう試みた。振り返りに関しては、その日の授業内の学習活動を内省させ、授業後シートを回収し、励ましのコメントなどを与えて、翌週返却した。例えば、授業態度があまり良くなかった学習者には、「次回は頑張ろう」といったコメント

表 5-5. 伸びた学習者と伸びなかった学習者のライティング例

	Pretest	Posttest
伸びた学習者	My plan is study abroad at Canada for the future because of, I want to go at Canada since high school student and there are many culture. First, I want to go at Canada since high school student, because there are beautiful mountain and city. Second, there are many culture. I want to study differance culture and language. (59 words)	The ways my help myself live a healthy life. There are three reasons. First of all, I turn off the lighte beffore go to bed. I often turn off the lighte every day. Also, I take long sleep time. It is important. Secondly, I sometimes eat vegetable. If I don't eat vegetable, drink vegetable juice. We need some vegetable. It is support for us. Finally, I sometimes play sports. For instance, it is baseball, table tennis and basketball. These made me happy and tired. When I feel good. Tonight, I early go to bed, because I am very tired. It is important for play sports sometimes. In conculution, these ways help myself live a healthy life. (116 words)
伸びなかった学習者	I am going to work at hotel in Japan. Because of, it is fun for me to spend in hotel. First, room is very beautiful and delicious food. It was very excited. Second, it is very kindness. I feel like so very happy. Finally, I would like to work at hotel in Japan. I am going to go to Hawaii. I have ever seen it when I was children. There are nice ocean beau in there. So I will go Hawaii again. I would like to swim in Hawaii Ocean and I want to see many kind of fish. I want to eat Hawaii's food. I hope to do two things in the future. (114 words)	There are several ways to live a healthy life. First of all, we should early sleeping everyday. Because of, we can take a lot of sleep, our body is very well. In addition, we have to eat many vegetables. There is Vitamin C in vegetable. Vitamin C clean blood myself. Finally, we must play sports. Moving body is development muscle. We will become a healthy body. In this way, we can get to live a healthy life. (77 words)

注：学習者の誤りは訂正していない。

を与え、熱心な学習者には、「この調子で」とやる気を継続させるようにした。本章では、内省を中心に考察するために、気づきと疑問のみを提示する。

表5-6. 振り返りシートの例

カテゴリー	コメント例（協力者全員）
言語面	1. 語彙力が足りていない。 2. 単語には様々な意味がある。 3. 可算名詞・不可算名詞の使い方を学びたい。 4. 単語を思っていたより覚えていたこと 5. A, B, or C は A, B, and C と同様にコンマを入れるのかどうか。
ライティングに対する方略	1. 文の最初はインデントが必要である。 2. パラグラフを長く書く方法を学びたい。 3. アイデアを思いつく方法を希望する。 4. 文の構成がわからない
動機づけ	1. 日頃本（原書）を読んでいて、トピック・センテンスやサポーティング・センテンス、結論が書かれていることを発見した。 2. 英語は楽しい。

　上記の振り返りシートから得た3点の結果をまとめておく。第1点は言語面の気づきである。自分の語彙や文法の不足、誤りに気づいたことである。第2点はライティングを改善させるための学習方略を希望したことである。続いて、第3点は動機づけの向上である。ライティング後見直し、文法の誤りを訂正し、より質の高いものを書こうとする自律性がみられるようになった。

　なお、この結果は、第3章第1節の意識調査の際に、参照した田地野（2007）のカテゴリーと一致している。すなわち、内省的フィードバック後の振り返りは、①言語面の気づき②ライティング方略③動機づけ（心理面側面）という3つに分類される。このことから、当該学習者は、自分の学習活動に責任を持ち、学習方略を探求し、目標を達成しようとする自律した書き手に変容したことが明らかとなった。

　さらに、伸びた学習者と伸びなかった学習者の振り返り例を分析する。伸びた学習者ほど、具体的な内容を記述し、自分の至らない点を省みる傾向があった。また、伸びた学習者は中、下位群に属している傾向があった。一方、伸びなかった学習者は、シートにあまり記入せず、「特になし」と書く傾向があった。

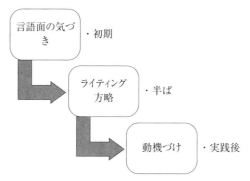

図 5-1. 振り返りによる学習者の意識の変容の移り変わり

　内省的フィードバックが意識にどのような影響を与えるかについては、その日の授業で取り上げたことを中心に、学習者の気づきを促すことができたと言えよう。例えば、並び替え問題を中心に授業を進行した際には、「ボキャブラリーが少ないため、意味がわからない」というコメントもみられた。このコメントから、並び替え問題が難しい原因について、学習者は内省をする機会を得たと考えられる。さらに、グループ・ワークに対して、積極的に取り組み、他の学習者の誤りから自分の弱点に気づく学習者も見受けられた。

　なお、振り返りと教員のコメント例の変容は、表 5-7 に第 2 週目、第 5 週目、第 8 週目と提示する。その他、印象的な振り返り例は、以下に記しておく。

伸びた学習者
① 　3つのサポーティング・センテンスが必要であること、同じ単語をひとつの文で2回使わないようにすることに気づきました。
② 　writing を通して、テーマに対して自分が何を思うかを改めて考えることができ、自分の思想、考え方を知ることができました。
③ 　文を読み進めていくと、書いている内容が分かって、理解できるよう

になる。何回も文中に登場している単語が重要であることが分かった。単語には、様々な意味があり、少しの違いで意味が変わる。

④ 自分の知識では分からないことが多すぎて、辞書を使ったり、人に聞いたりした。自分でも文の構成がおかしいと思うところが多すぎる。

⑤ 前学期より出席はできていると思うので後は、課題をしっかりして、授業での内容をしっかり吸収しようと思った。

⑥ 課題もやっていたし、授業も取り組めた。

伸びなかった学習者

① writing の力がまだまだだと思った。

② 特になし。

③ 難しい。

④ 接続詞でつなげるのは難しい。

⑤ 分からない単語が多い。

第4節　考察

　内省的フィードバックを用いた効果について検討した。全体的な考察としては、フィードバック後、ライティングの誤りや至らない点を省みるようになり、内省に主体的に取り組む学習者ほど伸びる傾向となった。しかしながら、習熟度は上位群に該当していたが、学習意欲の減退によってライティングが伸びなかった学習者も存在した。

　他方では、すべての授業に出席し、真剣に活動に取り組んでいた「皆勤の学習者」であったが、ライティングの語数は減り、TWE も下がった学習者もいた。なお、この学習者は下位群に属し、振り返りに対して、あまり積極的ではなかった。

　また、中位群に属し、振り返りに主体的に取り組んだ学習者は、ライティングの能力を伸ばした。さらに、自分で文法的な問題点を内省すると

表5-7. 内省的フィードバック後の上位者と下位者の振り返りと教員のコメント例

	振り返り Week 2	振り返り Week 5	振り返り Week 8 （ディスカッション後）
上位者	1. 皆やる気があってよいクラスです。英語に関するゲームをやりたい。 2. 長文のパラグラフを作りたい。自分で考える時間をもう2,3分増やしてほしい。 3. 今日することを始めに知らせてくれるからわかりやすい。	1. Timed Writing をした時に，題に対しての知識がたりていないと気づいた。 2. サポーティングセンテンスと concluding sentence がどれか覚えていなかった。First, second…を入れてきれいな文章にした方がいいのか。	1. 英語で話すのってとても難しいと思ったけど話してみるのは楽しい。みんなと話す距離が遠いなと思った。半分に分けてほしい。 2. 前に英文を頭の中で考えていても，いざ話す時になると忘れてしまう。
教員	1. この調子で。 2. ライティングの能力はあるのでこの調子で勉強を続けてください。 3. Excellent!	1. 知識の補強が大切です。 2. これから具体的に文の構成を説明していきます。	1. 次回はグループでやってもいいですね。 2. 積極的に話すことを心がけましょう。
下位者	1. 課題の提出が遅れた。グループ・ワークがしたい。 2. 課題と辞書を忘れてしまった。	1. 皆勤（全ての授業に出席していること）は気持ちが良い。 2. First of all や In addition 以外のものを使う時，何を使えばいいのかわからない。書き始めの文がいまいちわからない。文を長くするのに苦労するから。	1. 自分の伝えたいことを伝えるのは今までライティングなどだったので，ディスカッションは伝えたい言葉がなかなか出てこなかった。 2. ディスカッションは喋れるようになりたいから嬉しい。
教員のコメント	1. 課題の提出期限を守りましょう。 2. 次回から気をつけてください。	1. これからも授業を休まずに出席しましょう。 2. 語彙の補強が必要ですね。	1. これからも話すことと書くことを練習しましょう。 2. 楽しんで話すことを心がけましょう。

いう試みも観察された。例えば、振り返りシートを分析したところ、学習者は冠詞の使い方や文の構成について、もっと知りたいと考えていることもわかった。さらに、授業中のライティング活動を観察してみたところ、伸びた学習者ほど返却された課題の文法に関するフィードバックを読み返したり、授業内のライティング活動において、文法の誤りがないかを提出前に確認したりする傾向がみられた。

　一方、学習活動そのものには積極的であるが、私語が多く、授業態度に問題がある学習者も存在した。また、習熟度は上位群に該当していたが、出席率の悪さや学習意欲の減退によって、ライティングが伸びなかった学習者もいた。このように、学習意欲の低下によって、ライティング力が伸び悩むということは、当然であると考えられる。

　しかしながら、学習意欲の向上とともに総語数は有意に伸びたが、学習方略に問題がある場合はライティングの正確さや質に問題がみられた。例えば、先行研究から、高い習熟度の書き手ほど、メタ認知的に学習方略の使用を工夫し、質の高いライティングを書くことが明らかとなっている (Raoofi, Binandeh, & Rahmani, 2017)。したがって、これからはライティング方略のどの部分が問題となっているか、質的な研究を中心に授業内外で学習者の心理面と言語面の問題点を探る必要がある。

　すなわち、今後の課題として、フィードバックや心理的要因とライティング方略との関連性の分析が挙げられる。同時に、「学習意欲は高いが, 伸びなかった学習者」に特化したフィードバック研究が求められる。より効果的な指導法を探るために、長期的に内省的フィードバックの効果を検証することが求められる。さらに、伸びなかった学習者に対しては、ライティング方略や動機づけなどの学習者要因を綿密に分析する必要がある。そして、自律性の育成を目指した、フィードバック研究を継続していきたい。

　また、学習者への振り返りのコメントも、個人の特性をより綿密に分析したものを与えるべきであった。今回は、学習者の内省に対する質問の回

答や、励ましのコメントを中心に振り返りシートに提供した。それゆえに、全体的に簡潔なものとなり、ライティングの WCF ほど、時間を費やせなかった。

　今後の対策として、ジャーナルを与え、1 冊にまとめて、ライティングと振り返りシートを提出させるか、あるいはオンライン上で、学習活動におけるコメントのやり取りを行うということも検討すべきである。学習者を効率よく支援できる環境と教員の負担の軽減について、さらに調査を重ねるべきである。

第 5 節　まとめ

　本章では、英語ライティングにおける内省的フィードバックの効果について検証した。特に、自分のライティングを振り返る学習者ほどライティングの能力が伸びることが明らかとなった。また、内省的フィードバックが、学習者の言語面やライティング方略に対する気づきを促し、最終的には動機づけ向上に寄与することもわかった。しかしながら、学習意欲の高い学習者の中でもライティング能力が伸びない場合もあったため、質的な研究に重点を置き、学習者とのコミュニケーションを通して要因を探ることが望ましいと考えられる。

表 5-8. 指導前後のライティング学習に関する意識調査 （N = 17）

質問項目	Pre		Post		
好きなライティングのジャンル	M	SD	M	SD	t
1. 英語のライティングが好きだ	2.41	(0.94)	2.41	(0.94)	.00
2. 日本語のライティングが好きだ	2.29	(0.69)	2.41	(0.80)	.57
3. 身近な話題について英語で文章を書くのが好きだ	2.12	(0.70)	2.41	(0.87)	1.32
4. 身近な話題について日本語で文章を書くのが好きだ	2.12	(0.70)	2.47	(0.72)	1.69
5. メディアなどの社会問題について英語で文章を書くのが好きだ	1.77	(0.66)	1.71	(0.85)	.32
6. メディアなどの社会問題について日本語で文章を書くのが好きだ	1.77	(0.66)	1.77	(0.75)	.00
ライティングにおける現状					
7. 英語で文章を書いた後見直して読む	2.77	(0.90)	3.12	(0.70)	1.19
8. 日本語で文章を書いた後見直して読む	2.65	(0.61)	3.06	(0.75)	1.95
9. 英語のパラグラフで用いるつなぎ言葉についてもっと学びたい	2.77	(0.97)	3.00	(0.94)	.78
10. 英語のライティング内で書く具体例についてもっと学びたい	2.94	(0.90)	3.53	(0.80)	3.05**
12. 和文英訳がもっと出来るようになりたい	3.41	(0.62)	3.65	(0.61)	1.17
学習者自身の課題 （他の技能）					
11. 英語の文法についてもっと学びたい	3.18	(0.88)	3.41	(0.71)	1.29
13. 英語の語彙力をもっと高めたい	3.53	(0.51)	3.71	(0.47)	1.38
14. 英語の読解力をもっと身につけたい	3.53	(0.51)	3.82	(0.39)	2.58*
15. 英語のライティング力をもっと身につけたい	3.53	(0.62)	3.77	(0.44)	2.22*
16. 英語のスピーキング力をもっと身につけたい	3.59	(0.62)	3.82	(0.39)	2.22*
23. ライティング学習をすることで、総合的な英語力が伸びると思う	2.94	(0.75)	3.12	(0.60)	1.14
ライティング活動に対する要望					
17. 英語のライティングの誤りを先生に訂正してほしい	3.41	(0.62)	3.71	(0.47)	1.77
18. 英語のライティングをペアワーク・グループ・ワークで学習したい	2.94	(0.75)	3.24	(0.67)	1.77

19. 英語のライティングの宿題をもっと出してほしい	2.41	(0.71)	2.41	(1.00)	.00
20. 英語のライティングの書き方を先生に明確に指導してほしい	3.24	(0.67)	3.47	(0.51)	1.07
21. 英和・和英辞書を用いて英語のライティングに取り組みたい	2.82	(0.95)	3.18	(0.81)	1.46
22. ライティングをする前にクラス内で議論したい	2.18	(0.53)	2.53	(0.87)	1.69
ライティングにおける苦手な点					
24. 日本語から英語のライティングにすることが苦手である	3.29	(0.77)	2.94	(0.83)	1.19
25. 自分の意見を浮かぶのに時間がかかってしまう	3.41	(0.80)	3.24	(0.83)	.68
26. 同じ意見を繰り返し書いてしまう	2.94	(0.66)	2.94	(0.83)	.00
27. ケアレスミスをしてしまう	3.29	(0.59)	3.29	(0.69)	.00
28. ライティングに必要な知識が不足している	3.65	(0.49)	3.59	(0.50)	.32
29. パラグラフの構成がわからない	3.00	(0.94)	2.47	(1.07)	2.31*
30. ライティングで使用する表現が不足している	3.53	(0.62)	3.59	(0.62)	.37

注：$^*p < .05$, $^{**}p < .01$

資料 5-1-1. 内省的フィードバックを用いた授業で使用したタスク 1.（テキスト *Great writing 2: Great paragraphs*, p. 128）

Sequencing Sentences

The following sentences make up a paragraph. Number them from 1 to 8 to indicate the best order.

Then underline all the words or phrases that show time order or sequence.

— a. Hit the ball into the small box on the opposite side of the net.

— b. After you hit the ball, continue swinging your racket down across the front of your body.

— c. Just before the ball reaches its peak, begin to swing your racket forward as high as you can reach.

— d. First, toss the ball with your left hand about three feet in the air. The best position for the ball is just to the right of your hand.

— e. At the same time, move your racket behind your shoulder be near your left knee.

— f. After you have completed the serve, your racket should be near your left knee.

— g. Many people think serving in tennis is difficult, but the following steps show that it is quite easy.

— h. If you are left-handed, you should substitute the words left and wright in the preceding directions.

Answer（a-5, b-6, c-4, d-2, e-3, f-7, g-1, h-8）

資料 5-1-2.

（テキスト *Great writing 2: Error Correction in a Paragraph*, p. 86）

The following paragraph contain errors in indentation, capitalization, and punctuation. Read the paragraph and make corrections. There are 10 mistakes.

There is a lot to know about the sport of hockey. Hockey is popular in many countries, including canada and the United states. the game is played on Ice, and the players wear skates to move around A hockey player can score a point if he hits a special disk called a Puck into the goal. However, this is not as easy as it seems because each goal is guarded by a special player called a Goalie The goalie's job is to keep the puck away from the goal The next time you see a hockey game on television, perhaps you will be able to follow the action better because you have this information.

（Answer）

　　　　1. There の前にインデント
　　　　2. canada → Canada
　　　　3. states → States
　　　　4. the → The
　　　　5. Ice → ice
　　　　6. around A → around. A（ピリオドを挿入）
　　　　7. Puck → puck
　　　　8. Goalie → goalie
　　　　9. Goalie The → goalie. The（ピリオドを挿入）
　　　　10. goal The → goal.The（ピリオドを挿入）

第6章 結 論

第1節 総合的考察

　まず、総合的考察として、本著の要約を述べる。本著の目的は、対象を
学習意欲の低い中級未満の学習者に限定し、学習者の内省を促す「内省的
フィードバック」を通して、効果的なライティング指導法を探求すること
である。第2章では理論的背景として、ライティング・フィードバック研
究と学習者の内省を考察した。さらに、第3章では予備調査として、第1
節は中級未満の日本人大学生のライティング学習に対する意識調査を実施
し、第2節は高校教科書と大学教材内のパラグラフ・ライティングタスク
の比較分析を述べた。これらの論考を基に第4章、第5章では2つの質的
な実践研究を実施し、今後のライティング指導を示唆した。

　以下に実践研究である、第4章と第5章の研究課題の解答を提示する。

　第4章：本モデル（Assisted Writing Approach）は、調査協力者のライ
ティングの能力及び意識にどのような影響を与えるか。
　本モデルを用いた指導後は、調査協力者13名のライティングの能力が
向上したことが明らかとなった。さらに、ライティングにおいて、流暢さ
（総語数）は伸びたが、正確さ（語彙・文法の誤り）には問題がみられた。
ライティングの意識においては、指導後、上位者、下位者ともに気づきを
促すことができた。特に、集中講座でクラス内のコミュニケーションも円

滑であったため、上位者は自分の活動に自信を持ち、下位者は不安感が軽減した。さらに、下位者の方が上位者よりも講座終了後にもかかわらず、自律的な姿勢で学習に取り組むようになった。

　第5章：内省的フィードバックは、調査協力者のライティングの能力及び意識にどのような影響を与えるか。

　内省的フィードバックによって、調査協力者17名のライティングの能力の総語数の平均値は、向上した。一方、TWE（Test of Written English）は上昇したが、有意差はみられなかった。さらに、伸びた学習者程振り返り活動に主体的に取り組む傾向が明らかとなった。しかしながら、学習意欲が高くてもライティングの能力が伸びなかった学習者も存在した。また、内省的フィードバックが調査協力者の気づきを促し、自律性に寄与したことも明らかとなった。その中には、誤り訂正や見直しに自主的に取り組む学習者もいた。よって、内省的フィードバックは全体を通して、学習者の自律性に貢献したと推測される。

　Yeung（2016）の先行研究では学習者の自律性の発達に関して、必ずしも教員からの独立を提案してはいない。確かに、教員から独立し、自分でタスクに従事することは必要であるが、学習者の年齢が低く、判断力が不足し、学習意欲に何らかの問題を抱えている場合は、自律的に取り組む準備はまだできてはいないであろう。仮に、ここに学習意欲の問題が付随すれば、不安感が強まり、やる気をなくしてしまう恐れもある。

　Yeung（2016）によれば、動機づけの過程は以下の3つに分けられる。

　　State 1: 動機づけが低く、教員に対する依存度が高い

　　Stage 2: 適度に動機づけはあるが、教員への依存度は消滅しつつある

　　Stage 3: 動機づけは高く、学習が自ら責任を持ちたいという意志が強くなりつつある

　さらに、Yeung（2016）は、教員からの独立よりも、タスクそのものに対して「楽しんで取り組める」という intrinsic motivation（内発的動機づ

け）や自分の活動を振り返る、self-reflection（自己の内省）、ペアで編集するという peer feedback（ピア・フィードバック）などがより自律性を培うと述べている。Stage 2 の段階では、無理に教員の支援を排除するのではなく、学習者の授業内の学習活動を見守ることも必要とされる。実際のところ、英語の習熟度が高くなるにつれて、自分で積極的にライティング後の誤りを見直すことのできる、自律性が発達してきたと言えよう（Ramírez Balderas & Guillén Cuamatzi, 2018）。

　本著の調査協力者は英語専攻ということもあって、習熟度は中級未満であった。したがって、英語専攻特有の特長があった。第1に基礎的な英語四技能を学習することには抵抗がないため、英語の語彙力の強化やライティング方略を知りたいという前向きな姿勢がみられた。いわゆる、「英語嫌い」の学習者はほとんど存在しなかった。

　第2に「英語を話すこと」を好む傾向にあるため、スピーキング活動とともにライティングを導入すると、ライティングの内容が論理的となり、改善がみられた。これは、パラグラフの構造の基礎知識がスピーキングによって、培われたためであると考えられる。

　第3に、日本語で自分の考えを表現することはできるが、英語で表すのは困難であるといった意見も多くもみられた。そのため、自分の意見をどのように英語で説明するかを示唆すると、苦手意識も軽減されたようであった。しかしながら、論理的思考を必要とする時事問題などを命題として扱うと、知識の不足が原因となって途方に暮れている学習者も存在した。さらに、それが引き金となって学習意欲を減退させてしまう傾向もみられた。

　この状況を踏まえて、第2節では教育的示唆について述べる。

第2節　教育的示唆

　第2節では、総合的考察から得た教育的示唆を提示する。フィードバッ

ク支援を伴った実証研究は日本の教育現場でも盛んになりつつあるが、まだ中級未満の学習意欲が低い学習者に対する支援は不足している。実際に指導するにおいて、以下 2 点を考慮することが必要とされよう。第 1 点は、学習意欲の問題を抱えた学習者のための、ニーズ分析に基づいた指導法の考案である。第 4 章のように、少人数クラスにおいて、学習者同士のコミュニケーションが円滑となれば、学習意欲も向上し、ライティングの能力も発達する。しかしながら、大半の日本の大学の英語のクラスは、30 人〜 40 人以上で成り立っている。したがって、学習意欲に問題を抱えた学習者全員の支援は困難である。それゆえに、授業開始前に副教材の開発や授業外支援・面談・オンライン上でのコミュニケーションを検討し、対策を練る必要がある。

第 2 点は、学習意欲が高くても、ライティング能力が伸びなかった学習者の支援である。5 章の調査の結果、学習意欲が高く「皆勤の学習者」であったが、ライティングの能力が発達しなかった学習者も存在した。したがって、質的研究を用いて原因を究明し、学習方略に関する調査が必要である。その結果、より綿密なライティング能力の弱点補強が可能となろう。

現状は、母語、第二外国語のライティングの支援策が、欧米と比較すると日本ではまだ少ない。第二外国語のライティング能力は、「自分の考えを表現する」ということから始まるために、国語教育におけるライティングも同様に充実させ、ワークショップや研修を開催すべきである。近年、多読や読書が見直されているため、小学校教育から、「読み書き能力の強化」が行われている。このような指導を高等教育現場でもさらに推奨したい。

この 2 点から、最後にこれからの英語ライティング・フィードバック研究の方向性について検討してみたい。

第3節　これからの英語ライティング・フィードバック研究の方向性

　最後に、第3節ではこれからの英語ライティング・フィードバック研究の方向性について述べたい。これまで著者は学習意欲に何らかの問題を抱えた学習者を指導してきた。その経験の中で得た「気づき」から、2つの方向性を提示して、本著の結びとしたい。

　第1に、個々の学習者のフィードバックに対する姿勢や志向の違いからライティングの能力の発達が異なるということを教員は理解しておくべきである（Lee, 2008）。Yoshida（2010）はオーストラリアの日本語学習者の教員のフィードバックに対する反応を分析した。そして、習熟度の高い学習者でさえ、必ずしも正しい形式を理解しているわけではないと指摘している。提供されたフィードバックの効果を高めるためには、教員と学習者とのコミュニケーションから学習者個人の特徴を理解する必要があろう。また、Kartchava（2016）はESL（カナダ）とEFL（ロシア）の学習者のフィードバックへのビリーフを質問紙調査から比較した。その結果、両者ともにフィードバックを望ましいものとしてとらえていることがわかった。しかしながら、対象言語や環境によって、ビリーフは異なる。よって、教員はビリーフと学習の成果との関連性を考慮する必要がある。

　第2に、教員によるフィードバック支援からライティング能力と学習意欲の向上がみられるようになれば、自律した書き手育成を目指すことも求められる。そのためには、ペア・ワークやグループ・ワークを導入することでコミュニカティブなライティング指導法の実践の試みも必要である。このような学習者間のライティング活動から、肯定的な影響がみられるという報告もなされている（Wigglesworth & Storch, 2012）。また、学習者同士の問題解決型の活動やピア・フィードバックによる動機づけの向上や、ライティングの問題の改善に関する先行研究も存在する（Chen, 2018; Du, 2018）。そこで、明示的から暗示的なフィードバック支援へと方向性を変

えることが、これからは必要とされる。学習者同士がお互いにコミュニケーションを教室内外で発展させることで、最終的には自律した書き手へと成長していくであろう。このようにして、学習者が自発的に取り組むことのできる指導法の考案を目的とし、中級未満の日本人学習者に特化した、ライティング・フィードバック研究を今後も続けていきたい。

参考文献

阿部真・山西博之 (2013).「大学英語教育における協働的ライティング学習の可能性：グラウンデッド・セオリー・アプローチに基づいた分析の試み」 *Language Education & Technology, 50*, 93-117.

Ashwell, T. (2000). Patterns of teacher response to student writing in a multiple-draft composition classroom: Is content feedback followed by form feedback the best method? *Journal of Second Language Writing, 9*, 227-257.

馬場千秋 (2012).「振り返りシートから見る授業内の学生の変化：学生の気づきとモチベーションの観点から」『帝京科学大学紀要』*8*, 139-144.

ベネッセ教育総合研究所 (2015).『中高の英語指導に関する実態調査 2015』 Retrieved from http://berd.benesse.jp/global/research/detail1.php?id=4776

ベネッセ教育総合研究所 (2016).『第3回大学生の学習・生活実態調査報告書ダイジェスト版［2016年］』Retrieved from https://berd.benesse.jp/koutou/research/detail1.php?id=5169

Bitchener, J. (2008). Evidence in support of written corrective feedback. *Journal of Second Language Writing, 17*, 102-118.

Bitchener, J. (2012). A reflection on 'the language learning potential' of written CF. *Journal of Second Language Writing, 21*, 348-363.

Bitchener, J., & Knoch, U. (2008). The value of written corrective feedback for migrant and international students. *Language Teaching Research, 12*, 409-431.

Bitchener, J., & Storch, N. (2016). *Written corrective feedback for L2 development*. Bristol: Multilingual Matters.

Bitchener, J., Young, S., & Cameron, D. (2005). The effect of different types of corrective feedback on ESL student writing. *Journal of Second Language Writing, 14*, 191-205.

Bruning, R., & Horn, C. (2000). Developing motivation to write. *Educational Psychologist, 35*, 25-37.

カレイラ松崎順子 (2015).「経済・経営学部の英語の習熟度の低い大学生を対象にした英語学習に対するニーズ」*Language Education & Technology, 52*,

179-203.

Chandler, J. (2003). The efficacy of various kinds of error feedback for improvement in the accuracy and fluency of L2 student writing. *Journal of Second Language Writing, 12*, 267-296.

Chen, Y. (2018). Perceptions of EFL college students toward collaborative learning. *English Language Teaching, 11*, 1-4.

Cho, S. (2015). Writing teacher views on teacher feedback: A shift from grammar corrector to motivator. *The Journal of Asia TEFL, 12*, 33-59.

Du, F. (2018). Comparing students' perceptions and their writing performance on collaborative writing: A case study. *English Language Teaching, 11*, 131-137.

Duijnhouwer, H., Prins, F.J., & Stokking, K. M. (2012). Feedback providing improvement strategies and reflection on feedback use: Effects on students' writing motivation, process, and performance. *Learning and Instruction, 22*, 171-184.

Ellis, R., Sheen, Y., Murakami, M., & Takashima, H. (2008). The effects of focused and unfocused written corrective feedback in an English as a foreign language context. *System, 36*, 353-371.

江利川春雄（編著）(2012).『協同学習を取り入れた英語授業のすすめ』大修館書店.

Farrell, T.S.C. (2014). 'Teacher you are stupid!'- Cultivating a reflective disposition. *TESL-EJ, 18*, 1-10.

Farrell, T.S.C. (2018). *Research on reflective practice in TESOL*. New York: Routledge.

Fathman, A. K., & Whalley, E. (1990). Teacher response to student writing: focus on form versus content. In B. Kroll (Ed.), *Second language writing: Research insights for the classroom* (pp.178-190). Cambridge University Press.

Ferris, D. (1999). The case for grammar correction in L2 writing classes: A response to truscott (1996). *Journal of Second Language Writing, 8*, 1-11.

Ferris, D. (2003). *Response to student writing: Implications for second language students*. New York: Routledge.

Ferris, D., & Roberts, B. (2001). Error feedback in L2 writing classes: How explicit does it need to be? *Journal of Second Language Writing, 10*, 161-184.

Folse, K.S., Muchmore-Vokoun, A., & Solomon, E.V. (2010). *Great writing 2: Great paragraphs*. Boston: Heinle Cengage Learning.

深澤清治・五井千穂・吉田来依可・久万瑞帆・有馬史織・江婉 (2016).「高校コミュニケーション英語教科書課末タスクの分析：本文テキストをもとにした技能統合を促す設問に焦点を当てて」『学校教育実践学研究』*22*, 163-170.

Goldstein, L. M. (2004). Questions and answers about teacher written commentary and student revision: teachers and students working together. *Journal of Second Language Writing, 13*, 63-80.

原めぐみ (2014).「短期大学部における英語必修科目再履修クラスの単位修得率を向上させるための教授・学習方略の研究」『関西外国語大学研究論集』*100*, 287-298.

Horwitz, E. K. (2001). Language anxiety and achievement. *Annual Review of Applied Linguistics, 21*, 112-126.

Hosack, I. (2005). The effects of anonymous feedback on Japanese university students' attitudes towards peer review.『山本岩夫教授退職記念論集』*3*, 297-322.

Iwata, A. (2017). Developing contextually sensitive free writing pedagogy: Transitioning from a product approach to a process approach. *The Language Teacher, 41*, 11-16.

神谷信廣 (2017).「話す活動と文法指導—フィードバック」鈴木渉 (編)『実践例で学ぶ第二言語習得研究に基づく英語指導』(pp. 45-62) 大修館書店.

Kartchava, E. (2016). Learners' beliefs about corrective feedback in the language classroom: Perspectives from two international contexts. *TESL CANADA JOURNAL, 33*, 19-45.

Kikuchi, K., & Sakai, H. (2009). Japanese learners' demotivation to study English: A survey study. *JALT Journal, 31*, 183-204.

木村友保 (2012).「時事英語によるライティング指導の中のフィードバックの意義について：英語教員の現職教育を中心に」*Media, English and Communication, 2*, 201-216.

Kobayakawa, M. (2011). Analyzing writing tasks in Japanese high school English textbooks: English I, II, and Writing. *JALT Journal, 33*, 27-48.

国分裕昭（2016）.「高等学校英語科の教科書における言語活動の分類と考察」『中国地区英語教育学会研究紀要』*46*, 21-30.

Lalande, J. F. (1982). Reducing composition errors: An experiment. *The Modern Language Journal, 66*, 140-149.

Lee, I. (2008). Student reactions to teacher feedback in two Hong Kong secondary classrooms. *Journal of Second Language Writing, 17*, 144-164.

Lyster, R., & Saito, K. (2010). Oral feedback in classroom SLA: A meta-analysis. *Studies in Second Language Acquisition, 32*, 265-302.

Lyster, R., Saito, K., & Sato, M. (2013). Oral corrective feedback in second language classrooms. *Language Teaching, 46*, 1-40.

牧野眞貴（2017）.「リメディアル学生のニーズに基づく英語授業の検討とその実践」『LET 関西支部研究集録』*16*, 73-85.

牧野眞貴・平野順也（2015）.「英語リメディアル教育を必要とする大学生を対象とした英語学習意識調査」『近畿大学教養・外国語教育センター紀要. 外国語編』*6*, 39-55.

三浦省五（監修）前田啓朗・山森光陽（編著）磯田貴道・廣森友人（著）（2004）.『英語教師のための教育データ分析入門—授業が変わるテスト・評価・研究』大修館書店.

深山晶子（2007）.「ジャンル分析に基づいた ESP アプローチの実践」『時事英語学研究』*46*, 1-15.

Moon, J. A. (2004). *A handbook of reflective and experiential learning: Theory and practice*. London: Routledge.

仲川浩世（2016）.「短期大学生を対象としたパラグラフ・ライティングの指導実践とその効果」『関西外国語大学研究論集』*104*, 117-128.

仲川浩世（2018）.「英語ライティングにおけるフィードバック研究の概観：今後の導入の可能性」『関西外国語大学研究論集』*108*, 257-267.

仲川浩世（2019）.「自律した書き手育成を目指した英語ライティング指導の効果」『高等教育研究論集』*8*, 121-125.

仲川浩世（2019）「一般目的の英語専攻の中級レベルの日本人学習者を対象としたライティングのニーズ分析」『日本教科教育学会誌』*42*, 27-34.

Noguchi, J. (2004). A genre analysis and mini-corpora approach to support professional writing by nonnative English speakers.『英語コーパス研究』*11*, 101-110.

大井恭子 (2015). 「4技能試験時代のライティングに必要な指導と評価とは」『英語教育』*64*, 10-12.

大井恭子 (2017). 「認知心理学の成果を援用したライティング指導：「キュー・カード」を使用した中学生への指導の効果検証」『清泉女子大学 言語教育研究』*9*, 87-109.

Oi, K., Kamimura, T., Kumamoto, T., & Matsumoto, K. (2000). A search for the feedback that works for Japanese EFL students: Content-based or grammar-based. *JACET Bulletin, 32*, 91-108.

大井恭子（編著）・田畑光義・松井孝志（著）(2008). 『パラグラフ・ライティング指導入門—中高での効果的なライティング指導のために』大修館書店.

Okada, R. (2018). Challenges in teaching Japanese EFL students to express themselves logically. *Asian Education Studies, 3*, 73-82.

Qashoa, S.H.H. (2014). English writing anxiety: alleviating strategies. *Social and Behavioral Sciences, 136*, 59-65.

Raimes, A. (1983). *Techniques in teaching writing*. Oxford University Press.

Ramírez Balderas, I., & Guillén Cuamatzi, P. M. (2018). Self and peer correction to improve college students' writing skills. *Profile: Issues in Teachers' Professional Development, 20*, 179-194.

Raoofi, S., Binandeh, M., & Rahmani, S. (2017). An investigation into writing strategies and writing proficiency of university students. *Journal of Language Teaching and Research, 8*, 191-198.

Semke, H. D. (1984). Effects of the red pen. *Foreign Language Annals, 17*, 195-202.

Shea, D. P. (2017). Oriented to English: Motivations and attitudes of advanced students in the university classroom. *JALT Journal, 39*, 139-164.

Sheen, Y., Wright, D., & Moldawa, A. (2009). Differential effects of focused and unfocused written correction on the accurate use of grammatical forms by adult ESL learners. *System, 37*, 556-569.

Sheppard, K. (1992). Two feedback types: Do they make a difference? *RELC Journal, 23*, 103-110.

新谷奈津子 (2015). 「フィードバックに関する FAQ「いつ、なにを、どうすればいいか」：第二言語習得研究からの示唆」『英語教育』*64*, 10-13.

Shintani, N., & Ellis, R. (2013). The comparative effect of direct written corrective feedback and metalinguistic explanation on learners' explicit and implicit knowledge of the English indefinite article. *Journal of Second Language Writing, 22*, 286-306.

Shintani, N., & Ellis, R. (2015). Does language analytical ability mediate the effect of written feedback on grammatical accuracy in second language writing? *System, 49*, 110-119.

Shintani, N., Ellis, R., & Suzuki, W. (2014). Effects of written feedback and revision on learners' accuracy in using two English grammatical structures. *Language Learning, 64*, 103-131.

白畑知彦 (2015).『英語指導における効果的な誤り訂正：第二言語習得研究の見地から』 大修館書店 .

Storch, N. (2010). Critical feedback on written corrective feedback research. *International Journal of English Studies, 10*, 29-46.

Storch, N., & Wigglesworth, G. (2010). Learners' processing, uptake, and retention of corrective feedback on writing: Case studies. *Studies in Second Language Acquisition, 32*, 303-334.

隅田朗彦 (2012).「英作文指導における特定の文法項目に焦点を当てた修正フィードバックの効果」『文京学院大学外国語学部文京学院短期大学紀要』 *12*, 99-112.

鈴木眞奈美 (2017).「ライティングのフィードバックの効果」鈴木渉 (編)『実践例で学ぶ第二言語習得研究に基づく英語指導』(pp. 63-74) 大修館書店 .

鈴木渉 (2015).「ライティング・フィードバックの効果を最大限高めるには」『英語教育』 *64*, 30-32.

田地野彰 (2007).「英語ライティングにおける専門語彙知識の重要性：経済ニュース記事の和文英訳を通して―」西堀わか子・田地野彰 (編)『奈良女子大学　夏季英語実学講座―英語の授業実践研究』67-73.

田地野彰・水光雅則 (2005).「大学英語教育への提言―カリキュラム開発へのシステムアプローチ―」竹蓋幸生・水光雅則 (編)『これからの大学英語教育』(pp.1-46) 岩波書店 .

田地野彰・寺内一・金丸敏幸・マスワナ紗矢子・山田浩 (2008).「英語学術論文執筆のための教材開発に向けて―論文コーパスの構築と応用―」『京都大学高等教育研究』 *14*, 111-121.

田中真理 (2015).「ライティング研究とフィードバック」大関浩美 (編著)・名

部井敏代・森博英・田中真理・原田三千代（著）『フィードバック研究への招待：第二言語習得とフィードバック』（pp.107-138）くろしお出版 .

寺内一（2000）.「ESP を知る」深山晶子（編）野口ジュディー（総監修）寺内一・笹島茂・神前陽子（監修）『ESP の理論と実践』（pp.9-32）三修社 .

Truscott, J. (1996). The case against grammar correction in L2 writing classes. *Language Learning, 46*, 327-369.

Truscott, J. (2007). The effect of error correction on learners' ability to write accurately. *Journal of Second Language Writing, 16*, 255-272.

Truscott, J., & Hsu, A.Y.P. (2008). Error correction, revision, and learning. *Journal of Second Language Writing, 17*, 292-305.

Van Beuningen, C.G., De Jong, N.H., & Kuiken, F. (2012). Evidence on the effectiveness of comprehensive error correction in second language writing. *Language Learning, 62*, 1-41.

Wigglesworth, G., & Storch, N. (2012). What role for collaboration in writing and writing feedback. *Journal of Second Language Writing, 21*, 364-374.

山森直人（2009）.「教材の開発」三浦省五・深澤清治（編著）『新しい学びを拓く英語科授業の理論と実践』（pp.188-198）ミネルヴァ書房 .

Yamanaka, N. (2006). An evaluation of English textbooks in Japan from the viewpoint of nations in the inner, outer, and expanding circles. *JALT Journal, 28*, 57-76

保田幸子・大井恭子・板津木綿子（2014）.「日本の高等教育における英語ライティング指導の実態調査」*JABAET Journal, 18*, 55-78.

Yeung, M. (2016). Exploring the construct of learner autonomy in writing: The roles of motivation and the teacher. *English Language Teaching, 9*, 122-139.

Yoshida, R. (2010). How do teachers and learners perceive corrective feedback in the Japanese language classroom? *The Modern Language Journal, 94*, 293-314.

索　引

【著者略歴】

仲川　浩世（なかがわ　ひろよ）

奈良県生まれ。大阪樟蔭女子大学学芸学部英米文学科卒業。
カールトン大学大学院応用言語学専攻　修士課程修了。
広島大学大学院教育学研究科教育学習科学専攻　博士課程後期課程修了（博士
教育学を取得）。

関西外国語大学短期大学部特任准教授を経て、現在大阪女学院短期大学　英語
科教授。
専門は英語教育学、応用言語学。
主な業績：
　『深澤清治先生退職記念　英語教育学研究』（共著　溪水社 2020 年）、
　「一般目的の英語専攻の中級レベルの日本人学習者を対象としたライティング
のニーズ分析」（『日本教科教育学会誌』第 42 巻第 1 号　単著 2019 年）、
　New Gateway to the TOEIC L & R TEST（共著　金星堂 2021 年）など。

内省的フィードバックを取り入れた
効果的な英語ライティング指導

令和 3（2021）年 3 月 15 日　発行

著　者　仲川　浩世
発行所　株式会社　溪水社
　　　　広島市中区小町 1-4（〒 730-0041）
　　　　電話 082-246-7909　FAX082-246-7876
　　　　e-mail: info@keisui.co.jp
　　　　URL: www.keisui.co.jp

ISBN978-4-86327-550-8 C3082